Erich Mühsam

Schriften der Erich-Mühsam-Gesellschaft Heft 45

Herausgeberin:	Erich-Mühsam-Gesellschaft e. V.
Redaktion:	Lienhard Böhning, Marita Bruns, Angela Haecker-Goette, Ingo Koch
Copyright:	Erich-Mühsam-Gesellschaft 2019; für die einzelnen Beiträge bei den Autorinnen
Bildnachweis:	– Erich-Mühsam-Gesellschaft, Lübeck: U1 (Porträt Erich Mühsam. Radierung von Horst Janssen), S. 1, U4 (Abdruck aus: Gerd W. Jungblut (Hrsg.), In meiner Posaune muß ein Sandkorn sein. Briefe 1900–1934. Vaduz: Topos 1984, Bd. 1, S. 140)
	– AWO: S. 6 (Theodor-Schwartz-Haus Brodten)
	– Buddenbrookhaus: S. 93 (Ausstellungsvitrine: Foto Birte Lipinski; Hausfassade: Foto Theodor Wulff)
	– Kulturstiftung Hansestadt Lübeck: S. 102 (letzter Brief E. Mühsams: Foto Michael Haydn)
Textverarbeitung:	Gerda Vorkamp
Herstellung:	Books on Demand GmbH, Norderstedt
ISSN:	0940-8975
ISBN:	978-3-931079-53-6
Preis:	10,– €
Informationen:	Erich-Mühsam-Gesellschaft e. V., Mengstr. 4, c/o Buddenbrookhaus 23552 Lübeck E-Mail: post@erich-muehsam-gesellschaft.de http://www.erich-muehsam-gesellschaft.de

„Die Waffen nieder!"

– Friedensbewegungen im Umfeld des 1. Weltkriegs –

Jahrestagung 2018

Wir danken den Förderern unserer Tagung sehr herzlich!

1. Gefördert durch die Possehl-Stiftung Lübeck

2. Gefördert durch das Ministerium für Bildung, Wissenschaft und Kultur des Landes Schleswig-Holstein

3. Gefördert durch das Kulturbüro der Hansestadt Lübeck

Inhaltsverzeichnis

Vorbemerkung: Lienhard Böhning 5

Marga Voigt

„Der Kampf für den Frieden – eine Frauensache?"
Clara Zetkins Briefe, August 1914 – November 1918 7

Beatrix Müller-Kampel

„Anarchistische und bürgerliche Friedenskonzepte"
Erich Mühsam, Pierre Ramus und Bertha von Suttner 20

Annika Wilmers

„Transnationalismus im 1. Weltkrieg"
Frauenfriedenskongress in Den Haag im Frühjahr 1915 42

Petra Schönemann-Behrens

„Organisiert die Welt!"
*Leben und Wirken des Friedensnobelpreisträgers
Alfred Hermann Fried (1864–1921)* 64

Barbara Heller

„Frauen im Kampf für den Frieden"
Traditionslinien und aktuelle Herausforderungen 79

Birte Lipinski

„Erich Mühsam bei den Manns"
Planungen zur neuen Dauerausstellung im Buddenbrookhaus 92

Biographische Notizen 105

Publikationen der Erich-Mühsam-Gesellschaft 107

Vorbemerkung

Dieses Heft präsentiert die Vorträge der Jahrestagung 2018 der Erich-Mühsam-Gesellschaft e. V., die unter dem Titel stand „Die Waffen nieder!" – Friedensbewegungen im Umfeld des 1. Weltkriegs –. In nicht einmal sechs Wochen von Ende Juni bis Anfang August 1914 wurde die Welt in einen Weltkrieg gestürzt, vom Attentat in Sarajewo bis zur Kriegserklärung Österreich-Ungarns an Serbien und Deutschlands an Russland und an Frankreich. Eine Welle nationaler Begeisterung erfasste sehr viele Menschen vor allem in Deutschland. Die Menschen versammelten sich in den Straßen und jubelten den Soldaten auf deren Weg an die Front zu. Obwohl Deutschland nicht angegriffen worden war, sahen die Menschen in Deutschland den Krieg als einen Verteidigungskrieg, ein Gefühl, das auch in den anderen beteiligten Staaten die jeweils empfundene und verbreitete Meinung war.

Konnte es unter diesen Bedingungen um Frieden bemühte Menschen, ja, Friedensbewegungen geben?

Die Referentinnen der Tagung (tatsächlich: diesmal kein Referent) haben den Beweis angetreten: Am Beispiel von Frauen wie Clara Zetkin, Aktivistin der Sozialistischen Fraueninternationale, anhand von bürgerlichen oder auch anarchistischen Konzepten wie das von Bertha von Suttner, deren Roman „Die Waffen nieder!" der Tagung den Titel gab, von Pierre Ramus und von Erich Mühsam. Oder von Alfred Hermann Fried, einem der Friedensnobelpreisträger des Jahres 1911, dessen Zeitschrift „Die Friedens-Warte" bis heute erscheint. Behandelt wurden auch Zeichen und Aktivitäten transnationalen Handelns wie der internationale Frauenfriedenskongress in Den Haag 1915 mit über eintausend Teilnehmerinnen. Mit der Frage, welche Wirkung gerade auch der Kampf der Frauen um den Frieden bis in die Gegenwart hat, schloss der letzte Vortrag die Tagung ab.

Unterbrochen wurden die Vorträge durch eine Fahrt nach Lübeck, um uns das Buddenbrookhaus, die Löwen-Apotheke, einer der ältesten Profanbauten Lübecks mit teilweise romanischer Bausubstanz, deren Abriss u. a. Erich Mühsam verhinderte, und das Katharineum anzusehen, untergebracht in einem ehemaligen Franziskanerkloster, das seit 1531 als Schule genutzt wird, die neben Erich Mühsam auch Thomas und Heinrich Mann besuchten. Im Buddenbrookhaus, in dem auch Erich Mühsam eine kleine Ausstellung gewidmet ist, erfuhren wir durch deren Leiterin von den Absichten zur Erweiterung der Ausstellungen für Thomas und Heinrich Mann. Natürlich haben wir die Hoffnung, unter den neuen Bedingungen auch Erich Mühsam auf etwas größerer Fläche präsentieren zu können.

Positiv auf Diskussionen und Gespräche, die aufgrund des wunderschönen Sommerwetters auch in den Gärten geführt werden konnten, wirkte sich die Begrenzung der Zahl der Vorträge auf zwei am Vormittag oder am Nachmittag aus.

Erstmals haben wir die Tagung im Theodor-Schwartz-Haus, einem Seminarhaus und Ferienzentrum der AWO Schleswig-Holstein in Lübeck-Brodten durchgeführt. In unmittelbarer Nähe des Brodtener Steilufers an der Ostsee konnten wir Gastfreundschaft genießen. Die Zimmer, geräumig, gemütlich und größtenteils ebenerdig, und vor allem auch die Verpflegung wurden von den Tagungsteilnehmerinnen und Tagungsteilnehmern gelobt. Einige Eindrücke folgen. Grund genug, auch unsere Tagung 2019 in Lübeck-Brodten zu planen.

Mein Dank gilt vor allem Marita und Günther Bruns, die einen Großteil der Arbeiten zur Vorbereitung der Tagung geleistet haben, und den Mitarbeiterinnen und Mitarbeitern des Theodor-Schwartz-Hauses, die uns, unterstützt vom herrlichen Sommerwetter, einen Rahmen geboten haben, in dem wir uns wohlfühlten.

Wir bedanken uns auch für großzügige finanzielle Unterstützung durch die Possehlstiftung Lübeck als größtem Sponsor, aber nicht weniger beim Ministerium für Bildung, Wissenschaft und Kultur des Landes Schleswig-Holstein und dem Kulturbüro der Hansestadt Lübeck.

Lienhard Böhning, Vorsitzender der Erich-Mühsam-Gesellschaft e. V.

Marga Voigt

„Der Kampf für den Frieden – eine Frauensache?"
Clara Zetkins Briefe, August 1914 – November 1918

Die Briefe Clara Zetkins gegen den Krieg[1] sind ein eindrückliches Zeugnis für den Friedenskampf der Frauen, der Genossinnen der Sozialistischen Fraueninternationale. Die Sozialistische Fraueninternationale wurde im Vorfeld des Internationalen Sozialistenkongresses gegründet, der 1907 nach Stuttgart einberufen wurde. Clara Zetkin – alleinerziehend mit dem siebenjährigen Maxim und dem fünfjährigen Kostja – wählte, als sie nach dem Fall des Sozialistengesetzes (1878–1890) aus dem Pariser Exil nach Deutschland zurückkehrte, Stuttgart, die Hauptstadt des liberaleren Königreichs Württemberg, als Wohn- und Arbeitsort. Vater der Söhne war Ossip Zetkin, ein aus dem zaristischen Russland emigrierter junger Revolutionär. Ihn lernte Clara Zetkin während ihrer Ausbildungszeit in Leipzig kennen. Sie studierte dort am Lehrerinnenseminar von Auguste Schmidt – eine der Begründerinnen des Allgemeinen Deutschen Frauenvereins. In Leipzig erfuhr sie als junge Frau ihre politische Schulung in den Arbeiterbildungszirkeln der deutschen Sozialdemokratie von August Bebel und Wilhelm Liebknecht und in den Emigrantenkreisen russischer Revolutionäre. Nach dem erfolgreichen Abschluss des Studiums trat sie in die Sozialistische Arbeiterpartei Deutschlands ein.

Ossip Zetkin wurde mit Beginn des Sozialistengesetzes als unerwünschter Ausländer aus Deutschland ausgewiesen. Clara Zetkin folgte ihm über die Schweiz ins Pariser Exil, wo sie – unverheiratet – eine Familie gründeten. Den Namen Zetkin trug sie als Pseudonym: Sie war Berichterstatterin der Pariser Emigranten für die deutsche sozialdemokratische Presse.

Clara Zetkins politische Sozialisation war in Paris auch von der sozialdemokratischen Gruppe „Befreiung der Arbeit" um Georgi Plechanow geprägt. Ossip galt in den Pariser Polizeiberichten als Führer der russischen sozialistischen Arbeiterpartei vor Ort. Die Zetkins teilten auch Pjotr Lawrows[2] Vorstellung von der Aufklärung einer großen Zahl kritisch denkender Menschen – in der Tradition der Volkstümler. Clara Zetkins marxistische Politisierung in der russischen Emigrantenkolonie in Paris fand ihren deutlichen Niederschlag in ihren Stellungnahmen 1917/18 für die Bolschewiki[3]. Ossip überlebte das Exil nicht.

---

1 Clara Zetkin. Die Kriegsbriefe (1914–1918). Hrsg. von Marga Voigt, Berlin 2016.
2 Pjotr Lawrowitsch Lawrow (1823–1900) – russischer Dichter, Publizist und Narodnik.
3 Vgl. den Brief an die nichtöffentliche Reichskonferenz der USPD, [11.] September 1918, Über die Stellungnahme unserer Presse zu den Bolschewiki, in: Clara Zetkin. Die Kriegsbriefe, S. 405–432.

Auf der Gründungsversammlung der Sozialistischen Fraueninternationale[4] 1907 wurde Clara Zetkin zur vorsitzenden Sekretärin gewählt und die Frauen beschlossen, die sozialdemokratische Frauen-Zeitschrift *Gleichheit*, die Clara Zetkin seit 1891 in Deutschland redigierte, zum Zentralorgan ihrer Internationale zu machen. Sie beriefen Genossinnen zu deren internationalen Korrespondentinnen. In allen Ländern gab es sozialdemokratische Frauenblätter und in den Archiven der europäischen Parteien und sozialen Bewegungen finden sich in den Jahrgängen 1914–1918 Quellen und Zeugnisse der sozialistischen Frauenbewegung und ihrer Friedensbewegung während des Ersten Weltkrieges, besonders in den neutralen Ländern.[5]

Der internationale Friedenskampf der Sozialistinnen wurde in den sozialdemokratischen „Burgfriedens"-Parteien der kriegführenden Länder gering geschätzt, ausgegrenzt, unterdrückt und verfolgt. Er gelangte – wenn überhaupt – nur an die Ränder von Geschichtsschreibungen. Im August 1914 zerbrachen nicht nur die Beziehungen zwischen den sozialdemokratischen Arbeiterparteien Europas. Bei Ausbruch des Krieges, als aller Verkehr mit dem Ausland gesperrt war, drohten auch die Fäden zwischen den Genossinnen der Sozialistischen Fraueninternationale zu reißen. „Ich halte es gerade für eine der wichtigsten Aufgaben der Frauen in dieser Zeit", schrieb Clara Zetkin in einem Zirkular, „in der Arbeiterklasse das Bewusstsein der internationalen Solidarität lebendig zu erhalten und zu stärken."

Sie rief die sozialistischen Frauen aller Länder auf: „Wenn die Männer töten, so ist es an uns Frauen, für die Erhaltung des Lebens zu kämpfen. Wenn die Männer schweigen, so ist es unsere Pflicht, erfüllt von unseren Idealen die Stimme zu erheben."[6] Als Internationale Sekretärin wollte Clara Zetkin die Genossinnen wieder zusammenführen. „[...] Ich war weiter nicht im Zweifel darüber, dass es zunächst nur eine solche gemeinsame Aufgabe geben könne: die Arbeit, den Kampf *für den Frieden* und zwar einen Frieden, wie er den sozialistischen

---

4 Am 17. August 1907 fand die I. Internationale Sozialistische Frauenkonferenz statt. Sie brachte auf dem Sozialistenkongress die Resolution ein, „dass, wenn ein Kampf für das Wahlrecht geführt wird, er nur nach den sozialistischen Prinzipien geführt werden soll, also mit der Forderung des allgemeinen Wahlrechts für Frauen und Männer". Vgl. die Resolution und ihre Begründung in: Clara Zetkin. Ausgewählte Reden und Schriften (ARS), Bd. I–III, Bd. I, Berlin 1957, S. 344–358.

5 Die Vorkämpferin. Sozialdemokratische Arbeiterinnen-Zeitung der Schweiz – seit 1917 mit dem Untertitel: Verficht die Interessen der arbeitenden Frauen, Monatsschrift des Schweizerischen Arbeiterinnenverbandes, von Marie Hüni (1872–1949 – Sozialdemokratin, Sekretärin des Arbeiterinnensekretariats des Schweizerischen Gewerkschaftsbundes, 1915 Mitorganisatorin der Internationalen Sozialistischen Frauenkonferenz in Bern) redigiert – darin ein 8-Seiten-Extra: die Clara Zetkin-Nummer vom 5. Juli 1917: Zum Ehrentag unserer großen Führerin (Leitartikel); De Proletarische Vrouw (Die proletarische Frau) – Zeitschrift der sozialdemokratischen Frauen der Niederlande, Redaktion in Amsterdam.

6 An die sozialistischen Frauen aller Länder!, in: Die Vorkämpferin, Zürich, 7.3.1915, S. 2 f.; im Auszug veröffentlicht als Aufruf, November 1914, in: Clara Zetkin. ARS, Bd. I, S. 635 ff.; Clara Zetkin. Die Kriegsbriefe, S. 121–124.

Grundsätzen entspricht, und für den wir Sozialistinnen in allen Ländern mit Ausnutzung aller uns verfügbaren Mittel wirken müssen."[7] Ihrer Ansicht nach war es „das stolze Vorrecht und die Ehrenpflicht der sozialistischen Fraueninternationale jetzt, in dem Kampf für den Frieden den Frauen aller Klassen und Länder ... voranzugehen."[8]

Die Initiative zur internationalen Friedensarbeit hat Clara Zetkin ergriffen, sobald sie die Gewissheit hatte, dass die Genossinnen mehrerer Länder ihrem Appell folgen würden. In der zweiten Oktoberhälfte 1914 schrieb sie ihrer holländischen Korrespondentin Heleen Ankersmit (1869–1944)[9]:

> Wundern Sie sich nicht, wenn ich Ihnen selten und nichtssagend schreibe. So lange die Briefe aus Deutschland offen gehen müssen, kann es nicht anders sein. Abgesehen von dem allgemeinen Zustand kommt in meinem Falle noch dazu, dass die Behörden meiner Überzeugung und Haltung wegen ein „besonderes Auge" auf mich haben. Es ist gar kein Zweifel, dass ich persönlich wenigstens zeitweilig überwacht werde, und dass meine Korrespondenz einer „sorgsamen" Kontrolle untersteht.[10]

In Forschung und Debatte zur historischen sozialistischen Frauenfriedensbewegung muss uns bewusst sein, dass sie unter den Bedingungen des „Burgfriedens", des Belagerungszustandes und der Pressezensur – also illegal – erfolgen musste. Im Fall von Clara Zetkin kamen Haussuchung, Überwachung und Briefzensur hinzu. Insofern ist jede Aussage gegen den Krieg ein Unterpfand ihrer Klugheit, Kühnheit und ihres Einfallsreichtums.

Den internationalen Sozialistinnen ging es mit ihren bekannten und weniger bekannten Schriften, Zirkularen, Kundgebungen und ihrem persönlichen Einsatz darum, in ihrer eigenen Partei in Opposition zu gehen und Friedens-Aktionen auszulösen, und, wie Clara Zetkin es sich zu eigen machte, der Führung der deutschen Sozialdemokratie „die Verpflichtung einzuschärfen, für den Frieden kräftige Propaganda zu entfalten".[11]

---

7 Clara Zetkin. Die Kriegsbriefe, S. 56.
8 Ebenda, S. 57.
9 Heleen Ankersmit – Mitglied der SDAP, später der KP der Niederlande, Organisatorin und Führerin der niederländischen proletarischen Frauenbewegung, Kampfgefährtin und Freundin Clara Zetkins.
10 Vgl. für alle vorangegangenen Zitate den Brief an Heleen Ankersmit vom 3. Dezember 1914, in: Clara Zetkin. Die Kriegsbriefe, S. 47–63.
11 Vgl. die Erklärung Clara Zetkins zu ihrem Artikel „Für den Frieden" in der Zeitschrift „Die Internationale. Eine Monatsschrift für Praxis und Theorie des Marxismus" – gegründet von Rosa Luxemburg (1871–1919 – Sozialdemokratin, Internationalistin, seit 1887 einflussreiche Parteitheoretikerin in der polnischen und deutschen Sozialdemokratie, Internationalistin, Kriegsgegnerin, marxistische Politökonomin, 1914 mit Karl Liebknecht Begründerin der Gruppe Internationale und 1918 der KPD) und Franz Mehring (1846–1919 – Historiker und Publizist, Sozialdemokrat, Internationalist, Kriegsgegner, Mitbegründer der Gruppe Internationale und der KPD), es erschien nur eine Nummer im April 1915 – vor dem Königlichen Amtsgericht Stuttgart-Stadt, 16. Juli 1915, in: Ebenda, S. 214 f.

Mit großer Willens- und Widerstandskraft verfolgte Clara Zetkin den kühnen Gedanken einer Frauenfriedenskonferenz im Kriege. Eine Verbündete im Geiste fand sie in der ebenfalls dem proletarischen Internationalismus treu gebliebenen Angelica Balabanoff (1869–1965)[12], die in der Schweiz als Sekretärin des Internationalen Sozialistischen Büros gegen den Krieg agierte. Beide Frauen nahmen die Vorbereitung einer außerordentlichen internationalen Frauenkonferenz in Angriff, die sie gemeinsam mit dem Schweizer Sozialisten Robert Grimm (1881–1958)[13] vom 26.–28. März 1915 in Bern als geheimes Zusammentreffen sozialistischer Frauen einberiefen.

Zu der internationalen Konferenz gegen den Krieg reisten unter großen Schwierigkeiten 25 Delegierte aus acht Ländern an.[14] Die Teilnehmerinnen wollten auf ihrer Zusammenkunft mit einem Manifest Verstand und Herz der Proletarierinnen erreichen. Als Soldaten- und Arbeiterfrauen und nicht zuletzt als Mütter sollten sie verstehen, dass die Waffe, die ihnen den Sohn oder Mann nahm, nicht vom feindlichen Proletarier geführt wurde, sondern vom internationalen Imperialismus. Wie eingedenk des Schmerzes über ihre getöteten Söhne und Männer, die Ursachen des Krieges in eine verständliche und einfache Sprache kleiden? Statt Völkerhass sollten die Solidarität und die Unüberwindbarkeit des Sozialismus Botschaft und Zeugnis sein.

Die Berner Konferenz selbst war eine der ergreifendsten, die sie je erlebt habe, schrieb Angelica Balabanoff 1927 in ihren Erinnerungen:

---

12 Angelica Balabanoff – Vorstandsmitglied der SP Italiens, Mitglied des Internationalen Sozialistischen Büros der II. Internationale, Aktivistin der Zimmerwalder Bewegung, Sekretärin der Internationalen Sozialistischen Kommission, 1917 Mitglied der SDAPR(B).

13 Robert Grimm – führender Schweizer Sozialdemokrat und Gewerkschafter, 1909–1918 Chefredakteur der *Berner Tagwacht*, seit 1912 Mitglied des Internationalen Sozialistischen Büros der II. Internationale, seit 1915 Sekretär der Internationalen Sozialistischen Kommission der Zimmerwalder Bewegung und der Konferenzen von Zimmerwald (1915) und Kiental (1916).

14 Die Teilnehmerinnen an der Konferenz waren – aus Großbritannien: Margaret Bondfield (1873–1953), ILP und Women's Trade Union League, Mary Longman, Women's Labour League, Marion Phillips, Women's International Council, Ada Salter (1866–1942), ILP; aus Frankreich: Louise Saumoneau (1875–1950); aus Italien: Angelica Balabanoff; aus Polen: Anna Kamieńska (Polen); aus Russland, vom Organisationskomitee der Menschewiki Irina Izolskaja und Sarra Rawitsch (1897–1957) sowie vom Zentralkomitee der Bolschewiki Inès Armand (1874–1920), Nadeshda Krupskaja (1869–1939), Sina J. Lilina (1882–1929), Jelena R. Rosmirowitsch (1886–1953); aus der Schweiz: Rosa Bloch (1880–1922) und Marie Hüni sowie aus den Niederlanden: Heleen Ankersmit, Johanna van Gogh-Bonger (1862–1925) und Carry Pothuis-Smit (1872–1951). Aus Deutschland nahmen neben Clara Zetkin Lore Agnes (1876–1953), Martha Arendsee (1885–1953), Käte Duncker (1871–1953), Toni Sender (1888–1964), Bertha Thalheimer (1883–1959) und Margarete Wengels (1856–1931) teil. Vgl. John Partington, Clara Zetkin's British Connection: An Overview, in: Communist Review, Autumn 2013, S. 14–18, hier S. 16; Eckhard Müller, Clara Zetkin und die Internationale Frauenkonferenz im März 1915 in Bern, in: Ulla Plener (Hrsg.): Clara Zetkin in ihrer Zeit. Neue Fakten, Erkenntnisse, Wertungen, (RLS Manuskripte, 76), Berlin 2008, S. 62; Bernard Degen/Julia Richers: (Hrsg.), Zimmerwald und Kiental: Weltgeschichte auf dem Dorfe, Zürich 2015, S. 65.

Noch hatte man sich dem Krieg nicht angepasst, noch fand man leidenschaftliche Worte, um seine Gräuel anzuklagen und seine Auswirkungen zu brandmarken.[15]

Als die Fassung für den Aufruf an alle Frauen des Proletariats gefunden war und die Mehrheit der Delegierten ihre Einwilligung dazu gegeben hatte, weigerten sich die Bolschewikinnen, den Text zu unterschreiben. Stattdessen schlugen sie die Gründung einer neuen Internationale vor. Für die Mehrheit der in Bern zusammengekommenen Frauen war eine solche Forderung unannehmbar. Die Dramatik der Situation bestand darin, erfahren wir von Angelica Balabanoff, dass die internationale Kundgebung der Sozialistinnen während des Weltkrieges nicht an tausend äußeren Hindernissen zu scheitern drohte, sondern an inhaltlichen Gründen und daran, dass der Wert der ganzen Konferenz zunichte gemacht, gar in sein Gegenteil verkehrt würde.

Erst 1959 erinnerte sich Angelica Balabanoff öffentlich,[16] wie Lenin (1870–1924)[17] während der Beratungen der Frauen in Bern in einem Café nebenan saß, das die Delegierten seiner Fraktion ständig aufsuchten, da die russischen Vertreterinnen vor jeder Änderung des Textes und jeder Abstimmung darüber Lenins Ansicht hören wollten. Da unterbrach Clara Zetkin die Sitzung und ging selbst in das Café, um mit Lenin einen Ausweg zu finden. Es verstrichen Stunden sorgenvollster Erwartung, lässt uns Angelica Balabanoff wissen.[18]

Ein Weg hatte sich schließlich doch gefunden: Die Minderheit der Bolschewikinnen erklärte sich bereit, der allgemeinen Resolution zuzustimmen, wenn ihre Erklärung ins Protokoll der Konferenz aufgenommen würde. Die Situation war gerettet. Die politische Kundgebung der Berner Frauenfriedenskonferenz[19] wurde einstimmig angenommen.

Wer weiß denn, wie Lenin in März 1915 Druck auf die Vertreterinnen der Bolschewiki ausübte? Er kritisierte die sozialistische Frauenkonferenz. Sie habe ihre Aufgabe, den Grundstein einer neuen Internationale legen zu können, nicht erfüllt,[20] hieß es in der sozialistischen Geschichtsliteratur und in den Vorworten beim Abdruck der Konferenz-Dokumente: erst in Sowjetrussland, dann in der Sowjetunion, später in allen sozialistischen Ländern.

---

15 Angelica Balabanoff: Erinnerungen und Erlebnisse, Berlin 1927, S. 100.
16 Vgl. das Folgende in: Ebenda, S. 47 ff.
17 Wladimir Iljitsch Lenin (eigtl. Uljanow) – russischer Revolutionär, Führer und bedeutendster Theoretiker der Bolschewiki, nach der Oktoberrevolution 1917 Vorsitzender des Rates der Volkskommissare Sowjetrusslands.
18 Vgl. Balabanoff: Lenin oder: Der Zweck heiligt die Mittel, S. 49.
19 Vgl. Stiftung Archiv der Parteien und Massenorganisationen der DDR beim Bundesarchiv (SAPMO-BArch), NY 4005/107, zuerst erschienen in Berner Tagwacht, 3.4.1915. Siehe auch in: Clara Zetkin. Die Kriegsbriefe, S. 209–212.
20 Vgl. Balabanoff: Lenin oder: Der Zweck heiligt die Mittel, S. 49.

Warum benannte der Emigrant Lenin mit „Gemeinplätzen"[21], was ein erstes internationales sozialistisches Signal war für die sofortige Beendigung des Krieges? Mehr als heftig war auch die Kritik von Friedrich Ebert (1871–1925).[22] Er verurteilte die Abhaltung der Berner Frauenkonferenz und redete sie zum „Kaffeekränzchen" klein. Dennoch haben die Sozialistinnen ihr Ziel erreicht und ein erstes Friedensmanifest formuliert. Welche Fragen richteten die Internationalistinnen in ihrem Friedensmanifest an die Frauen Europas?

> Frauen des arbeitenden Volkes! Wo sind eure Männer? Wo sind eure Söhne?
> Wie ist die Wirklichkeit?
> Was ist der Zweck des Krieges?
> Was ist das Wohl des Vaterlandes?
> Wem nützt der Krieg?
> Frauen, worauf wartet ihr noch?
> Was schreckt ihr zurück?

Damals, im März 1915, hieß die Antwort der Sozialistinnen aus Bern: Nieder mit dem Kriege! Durch zum Sozialismus![23]

Dass sie persönlich mit ihrem Treiben „zum Ungehorsam gegen Gesetze und zu tätlicher Widersetzlichkeit" aufgefordert haben soll, hat Clara Zetkin immer entschieden bestritten: auf den beiden Gerichtsvernehmungen im Jahr 1915, die ihr strafbares Verhalten untersuchten und deren Anklageverfahren auf versuchten Landesverrat bis zum Ende des Krieges über ihr „schwebten".[24]

Clara Zetkin benutzte den deutschen Gerichtssaal als Bühne zur Aufklärung und Aufrüttelung gegen den Krieg und erklärte unverblümt, dass sie an alle möglichen Mittel zur Äußerung des Friedenswillens denke.[25] Sie habe friedliche Kundgebungen der Frauen auf der Straße „durch Umzüge mit Vorantragung von Fahnen mit Friedensaufschriften" im Sinn gehabt. Clara Zetkin schwebte vor, dass die Regierungen aller Länder die Massenkundgebungen der Frauen nicht unbeachtet lassen könnten. „Keine Regierung wird jetzt wagen, gegen sie sofort mit blutigen Gewaltmaßregeln vorzugehen. Alle Regierungen müssen deswegen

---

21 Vgl. Brief Lenins an Alexandra Kollontai (1872–1952), geschrieben im Juli 1915 – zuerst veröffentlicht 1924.
22 Am 7. April 1915 verurteilten SPD-Parteiausschuss und -vorstand die Abhaltung der Frauenkonferenz und verboten die Verbreitung ihrer Beschlüsse und Materialien. Clara Zetkin sei eigenmächtig und ohne Zuständigkeit vorgegangen, die Dokumente wurden unter Bann gelegt und vor ihrer Verbreitung gewarnt.
23 Vgl. Frauen des arbeitenden Volkes! In: Clara Zetkin. ARS, Bd. I, S. 668 ff.
24 Auch nach Clara Zetkins Haftentlassung am 12. Oktober 1915 blieben, nach einem Urteil des Reichsgerichtes vom Januar 1916, Haftbefehl und Anklagen bestehen; auch wurde sie unter Kontrolle des Amtsarztes gestellt.
25 Eckhard Müller: Clara Zetkins Vernehmungen zur Verbreitung des Flugblattes „Frauen des arbeitenden Volkes!" In: Jahrbuch für Forschungen zur Geschichte der Arbeiterbewegung 2010/I, S. 93 ff.

die Erbitterung und Empörung im Lande und draußen im Felde fürchten",[26] zeigte sie sich überzeugt.

Clara Zetkin ging davon aus, dass die Arbeit der Frauen in der Familie und in der Gesellschaft während des Ersten Weltkrieges eine derart erhöhte Bedeutung erlangt habe, dass der Wille der Frauen zu einem „politischen Faktor" würde. Und sie erklärte freimütig und ungeschminkt, dass ohne die Mitwirkung der Frauen „der ganze soziale Mechanismus" längst stillgestanden hätte.

Aus dem hohen tätigen Anteil der Frauen am Funktionieren der Kriegs- und Volkswirtschaft leitete sie die Rechte der Frauen ab, künftig an allen gesellschaftlichen Entscheidungen auch Anteil und Mitwirkung zu haben.[27] Eben auch an künftigen Entscheidungen über Krieg und Frieden.

> Gerade weil wir Frauen weibliche Menschen, nicht mißratene, verpfuschte Kopien der Männer sind und unsere eigenen geistigen und sittlichen Werte für die Betrachtung und Lösung der vorliegenden Probleme mitbringen.[28]

Clara Zetkins Briefe gegen den Krieg bezeugen ihre unermüdlichen Willenskundgebungen zum Friedensschluss. Sie und die Genossinnen der Sozialistischen Fraueninternationale unterlagen, der Krieg dauerte länger als vier Jahre.

---

26 Vgl. Clara Zetkins Brief an Alexandra Kollontai (russische Sozialdemokratin, seit 1915 Anhängerin der Bolschewiki, ging 1908 in die Illegalität, dann in die Emigration nach Berlin und Paris, seit 1910 Mitglied des Sekretariats der Sozialistischen Fraueninternationale, während des Ersten Weltkrieges Verbindungsfrau der Bolschewiki in Skandinavien, seit 1917 Mitglied des ZK der SDAPR(B) und Volkskommissarin (Ministerin) für soziale Fürsorge) vom 18. Februar 1915, in: Clara Zetkin. Die Kriegsbriefe, S. 115.
27 Vgl. Zum Frauentag der schweizerischen Sozialistinnen, 28. Februar 1915, in: Clara Zetkin. Die Kriegsbriefe, S. 118.
28 Brief vom 2. Juli 1917 an Anna Lindhagen, in: Ebenda, S. 342.

Anhang: Briefe (Auswahl)

I. Brief an Marie und Adolf Geck[29]

Wilhelmshöhe, 19.9.1914.
Post Degerloch bei Stuttgart.

Meine Lieben,

die beiden Karten waren uns eine rechte Beruhigung. Wir waren in großer Sorge um Euch, die allerdings noch bei weitem größer gewesen wäre, hätten wir eine Ahnung gehabt, daß Brandel [Geck] im Felde stand. Wir waren überzeugt, daß er durch seine Krankheit für immer aus dem aktiven Heere ausgeschieden sei. Daß er das erste Mal im Feuer verhältnismäßig gut davon gekommen ist, war uns eine Herzensfreude. Hoffentlich kommt er ganz unverwundet davon, wenn er jetzt wieder fort muß. Daß Tell [Geck] sich so als Krankenpfleger bewährt, hat uns nicht überrascht. Wir hatten immer den Eindruck, daß er ein lieber Kerl ist, der im Leben allen Anforderungen gegenüber seinen Mann stehen wird.

Unser Maxim [Zetkin] steht als Arzt von Anfang an im Felde und zwar in Belgien. Wir sind oft wochenlang ohne Nachricht von ihm und er hat von allen unseren Briefen und Postkarten bisher nur eine einzige erhalten. Ich glaube, daß es nicht bloß an der Feldpost und den Anforderungen liegt, sondern auch an dem Namen, den er trägt.

Kostja [Zetkin] muß nächsten Montag zur Musterung als Landsturm. Der Dichter [Friedrich Zundel] ist freiwilliger Autofahrer des Roten Kreuz[30] und amtiert als solcher nicht bloß hier, sondern er war auch schon auf dem französisch-lothringischen Kriegsschauplatz. In den nächsten Tagen wird er abermals für längere Zeit auf den Kriegsschauplatz gehen.

Ich brauche Euch wohl nicht besonders zu sagen, daß das aus rein humanitären Gesichtspunkten geschieht und nicht etwa aus irgendwelchen chauvinistischen Gefühlen heraus. Ihr könnt Euch denken, wie ich mich in dieser Zeit fühle. Ich habe bis heute noch nicht den politischen und moralischen Bankrott der Sozialdemokratie verwunden. Er steht beispiellos da in der Geschichte. Erst wenn wir wieder Frieden haben, wird sich zeigen, was geschehen muß, um die Ausgebeuteten wieder zur Arbeit für ihre eigenen Interessen zu sammeln. Einstweilen können wir nichts tun als die Wartezeit auszunützen, um aus den Ereignissen zu lernen, um die furchtbare Not zu lindern, um dadurch die Massen möglichst ge-

---

29 Zu Clara Zetkins engstem Freundeskreis zählten Marie und Adolf Geck mit ihren fünf Kindern, darunter die erwachsenen Söhne Brandel und Tell.
30 Clara Zetkins Ehemann meldete sich bei Kriegsbeginn freiwillig als Fahrer einer Ambulanz im Dienst des Deutschen Roten Kreuzes. – Vgl. Gilbert Badia: Clara Zetkin. Eine neue Biographie, Berlin 1994, S. 150.

sund an Leib und Seele zu erhalten und uns mit aller Macht dem reißenden Schmutzstrom des beschränkten Chauvinismus entgegenzuwerfen. Leider versagt dabei unsere Presse so gut wie vollständig. Unsere Blätter sind oft nur noch durch die große Globigkeit und Armseligkeit von den bürgerlichen Organen zu unterscheiden. Gewiß ist der Belagerungszustand eine lastende Fessel. Aber er allein erklärt nicht das unglaubliche niedrige Niveau so vieler Blätter. Darin kommt auch die innere Hohlheit recht vieler Redakteure und führender Genossen zum Ausdruck.

Wie mir hier von den Behörden und der Dorfbevölkerung mitgespielt worden ist, habt Ihr wohl zum Teil aus der Post erfahren. Es war wie am Vorabend eines Pogroms; und Märchen wurden kolportiert und geglaubt, wie sie in Beylis Prozeß[31] eine Rolle spielten. Dicht vor den Toren einer Hauptstadt! Und da sollen wir noch besonders stolz auf unsere Kultur sein! Doch das alles ist so nebensächlich, verglichen mit dem Zusammenbruch der Partei und der Internationale. Wenn ich das ganze Tun und Treiben betrachte, so könnte man manchmal den Verstand verlieren.

Hoffentlich geht es Euch sonst persönlich erträglich. Laßt einmal etwas mehr von Euch hören.

Rosa [Luxemburg] war zehn Tage zu Besuch hier, um ein bißchen auszuruhen.[32] Leider ist jetzt hier auch alles voller Unruhe, dazu ein Sauwetter. Ich möchte es gern für mich ertragen, wenn ich nicht bei Tag und Nacht an die armen Leute denken müßte, die draußen im Feld liegen, viele von ihnen verwundet, krank, die meisten erschöpft. Und das ist noch das wenigste vom Krieg. Wie dünn das Häutchen der Kultur über der Menschen-Barbarei ist, das zeigen uns jetzt die Ereignisse, Stimmungen, Gedanken und Wünsche.

Mit treuen Wünschen für Euch alle von uns

Eure Clara

---

31 Mendel Beili, Aufseher in einer Ziegelei, war im September/Oktober 1913 in Kiew angeklagt, einen „Ritualmord" an einem 12-jährigen Jungen begangen zu haben. Nach einer fünfwöchigen Verhandlung sprach der Kiewer Gerichtshof Beili am 10. November 1913 frei, blieb aber bei dem Verdacht des Ritualmordes. Während des Prozesses, der über Rußland hinaus Aufsehen erregte, kam es in vielen Ländern zu Protesten gegen die antisemitische Pogromstimmung. Der Mord an dem Jungen kam auf das Konto einer kriminellen Bande und blieb ungesühnt.
32 Vom 8. bis etwa 17. September 1914 weilte Rosa Luxemburg bei Clara Zetkin in Sillenbuch. Beide verfaßten eine Erklärung, in der sie sich gemeinsam mit Franz Mehring und Karl Liebknecht von den Auffassungen Albert Südekums und Richard Fischers distanzierten und die Ablehnung des Parteivorstandes gegenüber dem Manifest der neutralen Länder „An das deutsche Volk", in: Vorwärts, Nr. 247, 19. September 1914 kritisierten. – Vgl. auch Jürgen Rojahn: Um die Erneuerung der Internationale: Rosa Luxemburg contra Pieter Jelles Troelstra. Zur Haltung der radikalen Linken in Deutschland nach dem 4. August 1914, S. 55.
Am 11. September traf Rosa Luxemburg bei Clara Zetkin auch Paul Levi, Edwin Hoernle, Friedrich Westmeyer und Arthur Crispien. – Vgl. Annelies Laschitza: Die Liebknechts. Karl und Sophie. Politik und Familie, Berlin 2007, S. 248.

II. Brief an Alexandra Kollontai

März 1915.

Liebe Freundin Alexandra,

haben Sie keinen meiner vier Briefe erhalten, in denen ich Sie über die bevorstehende Zusammenkunft in der Schweiz benachrichtigte? Ich bin sehr unruhig, daß ich ohne jede Nachricht von Ihnen bin. Wir kommen am 26., 27. und 28. März in Bern zusammen. Wir rechnen bestimmt auf Ihr Kommen. Ich ließ heute für alle Fälle nochmals an Sie telegraphieren. Unsere Zusammenkunft soll vor allem die internationale Friedensaktion der Frauen fördern. Zweitens darüber beraten, wie wir in den Organisationen dem Chauvinismus entgegen wirken und die Grundsätze des internationalen Sozialismus durchsetzen können. Doch ich habe Ihnen über alles das ausführlich geschrieben. Ich hatte Sie auch benachrichtigt, daß unter Umständen ein Teil der Delegationskosten aus einem Fonds bestritten werden kann, den die Opferfreudigkeit der holländischen Genossinnen gestiftet hat. Falls Sie absolut nicht kommen können, so schicken Sie vielleicht wenigstens ein Zustimmungsschreiben und veranlassen auch die skandinavischen Genossinnen zu einem solchen. Ich konnte sie leider nicht benachrichtigen, weil wir erst am 14. ds. die entscheidende Nachricht aus England erhielten und alles in der Schwebe war. Natürlich muß alles vertraulich bleiben.

Mit herzlichsten Grüßen wünscht Ihnen das Beste

Ihre Clara

III. Brief an Heleen Ankersmit

Karlsruhe, Amtsgefängnis II.
d. 7.IX.1915.

Meine liebe Freundin Heleen,

verzeihen Sie, daß ich Ihnen erst heute schreibe. Mein Schweigen ist ein Widerspruch zu meinem Gefühl. Ich habe kaum an eine Freundin so viel und so innig gedacht, wie gerade an Sie. Sie sind mir ja nicht bloß Ideen- und Arbeitsgenossin, sondern mir persönlich so nahestehend, wie wenige. Trotzdem verschob ich den Brief an Sie von Tag zu Tag. Es ist eben so: was ich Ihnen schreiben möchte und müßte, das kann ich jetzt nicht schreiben. So bleibt nur das Persönliche. Und, liebe Heleen, Sie werden es verstehen und mir nachempfinden: es widerstrebt mir, immer und immer wieder von mir zu sprechen. Ich habe es mehr als genug tun müssen und muß es noch tun, um den Meinen die Sorge von der Seele zu nehmen, um Freunde zu beruhigen, die leider zu viel zur Sache meiner Person und meiner Gesundheit machen, was eine politische Angelegenheit ist. Ach, die Lieben!

Ist es nicht genug, daß ich mich hier in der Zelle den ganzen Tag nur mit mir selbst beschäftigen kann? Die modernen Gefängnisse sind so hygienisch eingerichtet, daß kein Vogel ans Fenster kommen, kein Spinnlein im Winkel ein Netz spinnen kann. Und alles, was ich lese, studiere, dient doch zunächst nur mir zur Freude und zum Gewinn. Ob ich je damit anderen nützen kann, wie ich möchte? Das ist eine Frage, die, heute verscheucht, morgen wiederkehrt.

Liebe Heleen, ich weiß, daß Sie, daß Ihr alle in Treue zu mir steht. Was Ihr für mich tun könnt, wißt Ihr und tut Ihr: in einem Sinne mit mir weiterarbeiten, unbeirrt und unverzagt dadurch, daß eine Kugel mich zeitweilig aus Reih und Glied gerissen hat. Ich brauche nicht zu versichern, daß ich trotz alledem und alledem[33] die Alte bin und bleibe. Ich glaube, mein Euch gegebenes Wort redlich gehalten zu haben. Die Folgen trage ich mit ruhiger Gelassenheit, ja mit Seelenheiterkeit. Ich bin dieser Sache wegen weder unglücklich, noch Märtyrerin, ich nehme sie als selbstverständlich hin, weil ich gehandelt habe, wie „die Stimme im Inneren" mir befahl. Wenn ich etwas bereue, so ist es mit Conrad Ferdinand Meyers „Hutten" nur dieses:

> Mich reut die Stunde, die nicht Harnisch trug;
> Mich reut der Tag, der keine Wunde schlug;
> Mich reut, ich sag' es mit zerknirschtem Sinn,
> Daß ich nicht dreifach kühn gewesen bin.

Wie es um meine Sache steht, wann und wie sie weiter gehen wird, das ist dunkel, wie die Wege der Vorsehung. Ich bin auf Allerlei gefaßt, und nichts kann mich schrecken. Ich bin mir klar über Das, was ich meiner Überzeugung und Euch allen schuldig bin. Natürlich sind alle meine Leiden mit mir gegangen, aber meine Gesundheit ist nicht schlechter als die letzten Wochen daheim. Ich werde gut, ja ritterlich behandelt, man nimmt alle mögliche Rücksichten auf meine Gesundheit, Rücksichten, die natürlich ihre Schranken haben. Ich tue, was ich kann, um Kraft zu sparen und zu sammeln, mit der Losung: später erst recht. Ich habe Selbstbeköstigung und Selbstbeschäftigung, lese und studiere viel, in der Hauptsache Literatur und Philosophie. Über die kleinen Widerwärtigkeiten der Lage hilft mir mein Humor hinweg, über die großen Schmerzen meine Weltanschauung. Sie wäre weniger als eine klingende Schelle[34], hätte sie

---

33 „Trotz alledem" heißt ein Gedicht von Ferdinand Freiligrath, das 1848 in Karl Marx' Neuer Rheinischer Zeitung erschien und in der revolutionären Sozialdemokratie sehr populär war. Darin: Wir sind das Volk, die Menschheit wir / Sind ewig drum, trotz alledem! ... Unser die Welt, trotz alledem!

34 Klingende Schelle – aus dem Hohelied der Liebe, I. Korinther 13.1: Wenn ich mit Menschen- und mit Engelzungen redete und hätte die Liebe nicht, so wäre ich ein tönendes Erz oder eine klingende Schelle.

nicht diese Kraft. – Ich hätte einen Wunsch, jawohl, liebe Freundin, mit Bezug auf Euch. Der wäre, noch einmal mit Euch wieder zusammen zu sein, wie in den unvergeßlichen Tagen, da Sie mich so liebevoll „bemutterten", mit Euch, die Ihr Euch bemüht, Eure Überzeugung zu leben. Aber dieser Wunsch ist wohl ein Traum für lange, lange. Haben Sie meinen Brief über die Wünsche der Freundin Adelheid [Popp] erhalten? Sie kommen hinterher, zu spät und scheinen mir unerfüllbar. Wir können doch nicht hinter das zurückgehen, was wir bereits einig beschlossen haben.

Grüßen Sie, liebe Heleen, Mathilde [Wibaut] und alle Freundinnen und Freunde, die ganze Familie Wegrif einbegriffen. Was machen die Kinderchen? Lassen Sie von sich hören! Ich drücke Ihnen herzlich die Hände

Ihre

Clara Zetkin-Zundel

IV. Brief an die sozialistischen Frauen aller Länder![35]

Genossinnen!

Die Ereignisse überstürzen sich. Sie tragen alle Möglichkeiten in ihrem Schoß. Darunter auch die Möglichkeit – leider allerdings zur Stunde noch nicht die Gewißheit – des heißersehnten Friedens. Genossinnen! Die Situation ist verantwortungsreich. Sie mahnt Euch an Eure Pflicht, bereit zu sein, um Möglichkeiten im Dienste des Sozialismus in Wirklichkeiten zu verwandeln. Auch die Möglichkeit des Friedens und des Aufbaus einer höheren Ordnung der Verhältnisse zwischen den Menschen.

Es ist nicht ausgeschlossen, daß bald die Schranken fallen, die heute noch die Beziehungen und das Zusammenkommen der Sozialistinnen aus allen Ländern hindern. Die von mir vorgeschlagene und allgemein gebilligte *internationale Konferenz der sozialistischen Frauen* rückt damit in greifbare Nähe. Genossinnen, fördert Eure Vorbereitungen zu dieser Konferenz und bringt sie zum Abschluß. Ihr müßt gerüstet sein, binnen kürzester Frist Eure Vertreterinnen zu der wichtigen Tagung zu entsenden und ihnen Eure Forderungen, Anregungen, Wünsche mit auf den Weg zu geben.

Bei den Friedensverhandlungen muß Eure Stimme gehört werden, und der Friedensschluß muß auch den Forderungen gerecht werden, die Ihr zum Wohl der erdrückenden Mehrzahl des weiblichen Geschlechts erhebt. Der Kanzler des

---

35 Zuerst erschienen in der Frauenbeilage der »Leipziger Volkszeitung«, 1. November 1918. Erstveröffentlichung: Sabine Hering/Cornelia Wenzel (Hrsg.): Frauen riefen, aber man hörte sie nicht. Die Rolle der deutschen Frauen in der internationalen Frauenfriedensbewegung zwischen 1892 und 1933, (Schriftenreihe des Archivs der deutschen Frauenbewegung, Bd. 2), Quellenband, Kassel 1986, S. 91 f.

Deutschen Reichs hat erklärt, daß die Friedensverhandlungen auch zu internationalen Vereinbarungen über die *Arbeiterschutz- und Arbeiterversicherungsgesetzgebung* führen sollen. Die Entwicklung der Frauenarbeit während des Kriegs hat die Zahl der Frauen um Millionen vermehrt, deren Schicksal durch diese Vereinbarungen unmittelbar tief berührt wird. Es geht dabei um zwei Grundrechte der Frauen. Um ihr *Recht auf Arbeit*, auf eine wirtschaftliche Existenz, der Selbständigkeit dem Manne gegenüber, um ihr *Recht auf Schutz gegen die Macht des ausbeutenden Kapitals*. Keine Entscheidungen sollten in dieser Sache gefaßt werden, ohne daß Eure Vertreterinnen daran mitgewirkt, ohne daß Eure Forderungen dazu gehört worden wären.

Jedoch das gleiche trifft auf die Friedensverhandlungen in ihrer Gesamtheit, trifft auf den Friedensschluß zu. Genossinnen, meldet daher in allen Ländern – auch in den neutralen – unverzüglich Euren *grundsätzlichen Rechtsanspruch an, durch eigene Vertreterinnen an Friedensverhandlungen und an dem Friedensschluß teilzunehmen*. Nach den Opfern, die der Weltkrieg den Frauen auferlegt hat, nach den Leistungen, deren sich die Frauen rühmen können, darf und kann Euch die Erfüllung dieses *Rechtsanspruchs als Bestätigung Eures Rechts auf volle Gleichstellung im Leben und im Rate der Völker* nicht vorenthalten werden. Beweist durch Eure Forderung, daß die Frauen reif sind für volles Bürgerrecht, reif sind für die große geschichtliche Aufgabe, umringt von den Ruinen der bürgerlich-kapitalistischen Kultur, mit den Proletariern der ganzen Welt gemeinsam das Schwert und die Kelle zu führen für den internationalen Sozialismus.

Ich erwarte baldigst Antwort, erwarte Mitteilung über die Stellungnahme, die Beschlüsse und Forderungen der Genossinnen allerwärts, damit ich die Entscheidungen zu einer einheitlichen Kundgebung zusammenfassen und zur Kenntnis der breitesten Öffentlichkeit bringen kann.

Sozialistinnen aller Länder, beweist, daß die *sozialistische Fraueninternationale* nicht bloß lebt, nein, daß sie trotz Kriegsgraus und Gefahren gewachsen und erstarkt ist. Vorwärts ans Werk! *Hoch der internationale Sozialismus!*

Clara Zetkin

Internationale Sekretärin der Sozialistinnen aller Länder.

Beatrix Müller-Kampel

„Anarchistische und bürgerliche Friedenskonzepte"
Erich Mühsam, Pierre Ramus und Bertha von Suttner[1]

1907 verfasst der 29-jährige Erich Mühsam sein Chanson vom „Revoluzzer" – wohl eine der schärfsten Satiren auf die deutsche Sozialdemokratie, welcher er das Chanson auch explizit widmet:

> War einmal ein Revoluzzer,
> im Zivilstand Lampenputzer;
> ging im Revoluzzerschritt
> mit den Revoluzzern mit.
>
> Und er schrie: „Ich revolüzze!"
> Und die Revoluzzermütze
> schob er auf das linke Ohr,
> kam sich höchst gefährlich vor.
>
> Doch die Revoluzzer schritten
> mitten in der Straßen Mitten,
> wo er sonsten unverdrutzt
> alle Gaslaternen putzt.
>
> Sie vom Boden zu entfernen,
> rupfte man die Gaslaternen
> aus dem Straßenpflaster aus,
> zwecks des Barrikadenbaus.
>
> Aber unser Revoluzzer
> schrie: „Ich bin der Lampenputzer
> dieses guten Leuchtelichts.
> Bitte, bitte, tut ihm nichts!
>
> Wenn wir ihn' das Licht ausdrehen,
> kann kein Bürger nichts mehr sehen.
> Laßt die Lampen stehn, ich bitt!
> Denn sonst spiel' ich nicht mehr mit!"

---

1 Aktualisierte und um die Konzepte Erich Mühsams erweiterte Fassung von: Beatrix Müller-Kampel, Bürgerliche und anarchistische Friedenskonzepte um 1900. Bertha von Suttner und Pierre Ramus, in: „Krieg ist der Mord auf Kommando". Bürgerliche und anarchistische Friedenskonzepte. Mit Dokumenten von Lev Tolstoj [u.a.], hrsg. von B.M.K., Nettersheim 2005, S. 7–95.

Doch die Revoluzzer lachten,
und die Gaslaternen krachten,
und der Lampenputzer schlich
fort und weinte bitterlich.

Dann ist er zu Haus geblieben
und hat dort ein Buch geschrieben:
nämlich, wie man revoluzzt
und dabei doch Lampen putzt.[2]

Im Spätsommer desselben Jahres 1907 macht sich ein korrekt gekleideter Mann von gerade einmal 25 Jahren auf den Weg nach Amsterdam. Vermutlich von Wien aus kommend, wo er als politisch Verfolgter unter einem Tarnnamen lebt, wird auch er hier seine Redegabe, ja Redegewalt in den Dienst des Friedens stellen. Der 1882 in Wien als Rudolf Großmann geborene Pierre Ramus[3] (ein Deck- und Kampfname nach dem französischen humanistischen Philosophen und Mathematiker Petrus Ramus)[4] blickt bereits als Mittzwanziger auf ein Leben in Ächtung, Verfolgung, Flucht und Exil zurück. 1895 wegen sozialdemokratischer Umtriebe vom Gymnasium relegiert, ist der Sechzehnjährige nach New York übersiedelt, in der deutschsprachigen Sozialdemokratie New Yorks tätig geworden und hat sich nach theoretischen Differenzen erst der linkssozialistischen, dann der anarchistischen Bewegung angeschlossen. 1901 gründet er mit neunzehn Jahren seine erste anarchistische Zeitschrift, schreibt seitdem für mehrere libertäre Zeitschriften, wird 1902 im Rahmen seines Engagements für einen Streik zu fünf Jahren Zuchthaus verurteilt und flüchtet 1905 nach Großbritannien und 1906 nach Berlin. Ramus ist der Propaganda halber in die Niederlande gereist, Endstation ist Amsterdam, Konferenzort des Internationalen anarchistischen Kongresses vom 24. bis 31. August und des gleichzeitig stattfindenden Internationalen Antimilitaristischen Kongresses.

Im Frühsommer desselben Jahres 1907 trifft eine mondän gekleidete Frau gesetzten Alters im niederländischen Den Haag ein. Von ihrem noblen Logis aus wird sie für die nächsten Monate ihren Ruf und Nimbus, weitläufiges Wissen und bestechende Beredsamkeit, nicht zuletzt ihre Gewandtheit auf intenationa-

---

2 Erich Mühsam, Der Revoluzzer. (Der deutschen Sozialdemokratie gewidmet.), auf: https://www.anarchismus.at/kulturbewegung/lyrik/6029-erich-muehsam-der-revoluzzer [2018-12-30].
3 Zur Biographie vgl. i. d. F. Reinhard Müller, Hommage à Pierre Ramus, in: Hommage à la non-violence. Ein grosser freiheitlicher Erzieher: Pierre Ramus (1882–1942). Lausanne 2000, S. 13–17; Reinhard Müller, Anarchisten. Inmitten des Randes. Handbuch zur Geschichte des deutschsprachigen Anarchismus in Österreich 1887–1970 in Selbstdarstellungen (in Vorbereitung).
4 Vgl. auch Pierre Ramus [d. i. Rudolf Großmann], Friedenskrieger des Hinterlandes. Der Schicksalsroman eines Anarchisten im Weltkriege, Mannheim 1924, S. 269.

lem Parkett in die Waagschale werfen, um ihrem „Utopia",[5] einer Welt ohne Waffen, ohne Krieg und Gewalt näherzukommen. Die geborene Gräfin Kinsky und verwitwete Baronin von Suttner[6] steht zu dem Zeitpunkt im Zenit ihres Ruhms: Seit 1889, dem Jahr der Erstpublikation, ist ihr pazifistischer Roman „Die Waffen nieder!" in schneller Folge in zahlreichen Auflagen und mehreren europäischen Sprachen erschienen.[7] Sie hat 1891 die „Oesterreichische Gesellschaft der Friedensfreunde" und 1892 gemeinsam mit Alfred Hermann Fried die „Deutsche Friedensgesellschaft" begründet; sie hat eine nach ihrem Roman benannte Monatsschrift und später die Zeitschrift „Friedens-Warte" ins Leben gerufen; sie hat den Erfinder des Dynamits Alfred Nobel, ihren ehemaligen Arbeitgeber, von der Einrichtung einer Friedensstiftung zu überzeugen versucht und an fast allen Weltfriedenskongressen und Interparlamentarischen Konferenzen teilgenommen, zahllose Artikel geschrieben und Vorträge gehalten, neben Österreich und Deutschland u. a. in der Schweiz, in Norwegen, in Schweden und den USA. 1905 ist ihr schließlich, als erster Frau überhaupt, der Nobelpreis (Friedensnobelpreis) zuerkannt worden. Veranlasst hatte Bertha von Suttners Reise nach Den Haag die vom US-amerikanischen Präsidenten Theodore Roosevelt initiierte, von so gut wie allen Staaten der Erde beschickte Zweite Haager Friedenskonferenz.

Ob Bertha von Suttner von den nahen Aktivitäten des anarchistischen Antimilitaristen Notiz genommen hat, wird erst die restlose Aufarbeitung ihres Nachlasses in der Bibliothek der UNO in Genf erweisen. Gewiss ist, dass Pierre Ramus von Amsterdam aus den Fortgang der Zweiten Haager Friedenskonferenz mitverfolgte. Sein abschließendes Urteil fällt vernichtend aus: Bloß „Komödie" habe man im Haag gespielt, eine Komödie, bei der die bürgerliche Friedensbewegung „auf das lächerlich impotente Demagogenzeichen gekrönter Tyrannen hin mit fliegenden Fahnen in das Lager der Staaten überging".[8]

---

5 Bertha von Suttner, Die Waffen nieder! Eine Lebensgeschichte, hrsg. und mit einem Nachwort von Sigrid und Helmut Bock, Berlin 1990, S. 134.
6 Zur Biographie vgl. i. d. F. Brigitte Hamann, Bertha von Suttner. Ein Leben für den Frieden, 2. Aufl., Zürich, München 1996; kursorisch Harald Steffahn, Bertha von Suttner, Reinbek bei Hamburg 1998.
7 Zur Publikations- und Rezeptionsgeschichte vgl. Beatrix Müller-Kampel, Bertha von Suttner. Internationale Bibliographie der Sekundärliteratur, in: LiTheS. Zeitschrift für Literatur- und Theatersoziologie 10 (2017), Sonderband 4: Bertha von Suttner als Soziologin, hrsg. von Eveline Thalmann: http://lithes.uni-graz.at/lithes/17_sonderbd_4.html [2019-01-02]; Edelgard Biedermann, Erzählen als Kriegskunst. „Die Waffen nieder!" von Bertha von Suttner. Studien zu Umfeld und Erzählstrukturen des Textes, Stockholm 1995, S. 331 und 97–137. Zu den biographischen und historischen Kontexten des Romans vgl. kursorisch Sigrid und Helmut Bock, Bertha von Suttner – Arbeiten für den Frieden, in: Suttner, Die Waffen nieder!, S. 405–458.
8 Pierre Ramus [d. i. Rudolf Großmann], Der Antimilitarismus als Taktik des Anarchismus. Referat, gehalten auf dem Internationalen Amsterdamer Kongress der „Internationalen Antimilitaristischen Assoziation" am 30. und 31. August 1907, in: „Krieg ist der Mord auf Kommando", S. 197–240, hier 217.

In der Tat scheint die ideellen und sozialen Universen der damals vierundsechzigjährigen Baronin und des rund vierzig Jahre jüngeren Schriftstellers kaum mehr miteinander zu verbinden als die gleichzeitige Anwesenheit im gleichen Land zu einem allenfalls ähnlichen Zweck. Auch nach 1907 haben sich ihre Lebenswege offenbar nicht mehr gekreuzt: Die bis zuletzt schriftstellerisch, journalistisch, organisatorisch und agitatorisch tätige Friedensaktivistin verstarb am 21. Juni 1914 an Magenkrebs und allgemeiner Erschöpfung in Wien – sieben Tage vor den tödlichen Schüssen in Sarajewo. Pierre Ramus überlebte Bertha von Suttner um rund drei Jahrzehnte: Nach Beginn des Ersten Weltkriegs unter dem Verdacht der Spionage verhaftet und bis Kriegsende in seinem Haus bei Klosterneuburg arretiert, begründete Ramus 1918 die später rund 4.000 Mitglieder zählende Vereinigung des „Bundes herrschaftsloser Sozialisten". Unermüdlich sprach und schrieb er – unter anderem in seiner Zeitschrift „Erkenntnis und Befreiung" – für den Frieden, für individuelle Freiheit, soziale wie ökonomische Gerechtigkeit, für alternative Wirtschaftsformen wie Genossenschaften und Subsistenzökonomie, für Empfängnisverhütung und freie Liebe, nicht zuletzt für eine konsequent libertäre Erziehung. Vor den Nationalsozialisten flüchtete der als Jude und Anarchist besonders Gefährdete vorerst nach Frankreich und verstarb 1942 auf der Überfahrt in das neue Exilland Mexiko.

Auch die Lebenswege von Erich Mühsam und Bertha von Suttner haben sich nicht gekreuzt, doch veröffentliche Mühsam im Juli 1914 in seiner Zeitschrift „Kain" einen Nachruf:

> Wir wollen in ehrender Haltung an die Bahre der Frau treten, die ein langes Leben lang mit gutem Eifer für eine gute Sache gestritten hat. Wir wollen das Andenken der Frau wachhalten, die in reinem Herzen erkannte, daß der Massenmord des Krieges von jeder wahren Religiosität aus gesehen ungöttlich und schlecht ist. Wir wollen den Manen Bertha von Suttners geloben, mit heiliger Leidenschaft das Ziel anzustreben, das sie ihrem Schaffen gesetzt hatte: den Weltfrieden. Unsere Wege sind andere als die der Verstorbenen. Wir glauben nicht an internationale Verständigung zwischen den Staaten. Denn wir wissen, daß Staaten feindliche Abgrenzungen der Länder gegeneinander bedeuten. Nicht die Regierungen werden die Kriege aus der Welt schaffen, sondern die Völker. Kapitalistische Staaten haben kapitalistische Interessen, und kapitalistische Interessen wissen nichts von Idealen. Revolution von oben gibt es nicht. Solange es Staaten und Heere gibt, wird es Kriege geben. Wir nehmen Bertha von Suttners Kampfruf auf, aber wir geben ihn nicht den Herrschern und Regierungen weiter, sondern den Völkern und Armeen: Die Waffen nieder![9]

Pierre Ramus freilich zählte zu Mühsams ideologischen Feinden – „Lieblingsfeinden" wäre ein zu großes Wort, denn eine enge Verbindung bestand weder persönlich noch institutionell. Die Schmähungen, mit denen Mühsam Ramus in

---

9 Bertha von Suttner. Ein Nachruf, in: Kain. Zeitschrift für Menschlichkeit 4 (1914), Nr. 4, S. 60 f. Auch in: „Krieg ist der Mord auf Kommando", S. 155.

seinen Tagebüchern belegt, sind ebenso drastisch wie ausgefeilt: Mühsam nennt ihn einen „Schmalzdemagogen", schlimmer noch: einen „Wiener Schmalzdemagogen"[10] und „widerliche[n] Demagoge[n]";[11] dessen „sich anarchistisch nennende Zeitschrift" „Erkenntnis und Befreiung" Mühsam gar nicht zu den anarchistischen Blättern zählen möchte, da diese „einen ledernen Allerweltspazifismus und eine Halbwissenschaft verzapft, daß es einem Kotfresser übel werden kann".[12]

So asymmetrisch Suttners und Ramus' Lebensbahnen auch verliefen, so verband den libertären Aktivisten und die bürgerliche Nobelpreisträgerin aus adeligem Hause gleichwohl der unverbrüchliche Glaube an die Möglichkeit und Machbarkeit eines gewaltfreien Lebens in Sicherheit, Gerechtigkeit, Würde, Freiheit und Glück. Dass im Kampf dafür beide der authentischen Stimme eines autobiographischen Ich eine besondere Rolle zuwiesen, wird aus zwei Romanen erkenntlich: Berthas von Suttners „Die Waffen nieder! Eine Lebensgeschichte", und Pierre Ramus' autobiographischem Roman „Friedenskrieger des Hinterlandes. Der Schicksalsroman eines Anarchisten im Weltkriege" von 1924. In diesem Roman hat der Autor Erinnerungen und Gespräche aus seiner Zeit als Häftling und Konfinierter 1914 bis 1918 gesammelt.

Worin bestehen nun die konzeptionellen Grundlagen und Grundüberzeugungen dieser beiden „Friedenskrieger des Hinterlandes", welche Mittel und Wege schlugen sie vor bzw. schlugen sie ein, um ihrem pazifistischen Utopia näherzukommen?

Was Suttner und Ramus sicherlich am tiefsten voneinander trennt, ist ihre Auffassung von Aufgabe und Funktion des Staates in der Verhinderung beziehungsweise Beseitigung von Kriegen. Suttner setzte bei ihrer Überzeugungsarbeit alle Hoffnungen in den Staat, seine Organe und Repräsentanten. Unausgesetzt appellierte sie an Kaiser, Könige, den Zaren, Prinzen, Fürsten, Premiers, Parlamentarier und kirchliche Würdenträger. „Wir wollen, daß von *oben* der Militarismus abgeschafft und überflüssig gemacht werde."[13] „Es ist ja wahr, [...] daß wir den Status quo erhalten wollen. Das Mißverständnis liegt aber darin, daß wir den Status quo nur gegen Gewaltänderung gesichert haben wollen – nicht gegen gerichtliche und organisatorische Abänderung."[14] Für Ramus hingegen ist der Staat per definitionem der „Gewaltherrscher der Unnatur, der alle Verbrechen heilig spricht, wenn sie in seinem Interesse geschehen"[15] – unabhängig da-

---

10 Erich Mühsam, Tagebucheintrag Niederschönenfeld, Mittwoch, 16. November 1921, in: Erich Mühsam, Tagebücher. Eine Online-Edition von Chris Hirte und Conrad Piens: http://www.muchsam-tagebuch.de/tb/index.php [2018-12-30]. I. d. F. zit. als: Mühsam, TB.
11 Mühsam, TB Niederschönenfeld, Montag, 20. Juni 1921.
12 Mühsam, TB Niederschönenfeld, Donnerstag, 11. August 1921.
13 Bertha von Suttner an Alfred Hermann Fried, 29. August 1901, zit. n. Hamann, Bertha von Suttner, S. 415.
14 Bertha von Suttner an Alfred Hermann Fried, 8. November 1909, zit. n. ebd., S. 417.
15 Ramus, Friedenskrieger des Hinterlandes, S. 30.

von, ob er autokratisch, monarchisch, oligarchisch, plutokratisch, rätediktatorisch oder parlamentarisch regiert werde. Aus der Geschichte all dieser Staatsformen erhelle die Essenz des Staates als Prinzip. „Eigentlich ist der Staat nichts anderes als Militarismus en miniature. Militarismus ist systematisierte Waffengewalt; der Staat existiert nicht, wenn er nicht nach Außen, wie nach Innen hin eine Gewalt repräsentiert."[16] Als bestechendstes Argument dient Ramus dabei der Erste Weltkrieg: „Ihr sagt, der Staat sei dazu da, um in der Gesellschaft die Ordnung zu bewachen. Ist das die Ordnung, dieser Zustand des wildesten Chaos, den der Staat durch seine Kriegsproklamation verursacht?"[17] In engster Verbindung stünden Militarismus und Krieg mit einer auf Ausbeutung und Entrechtung basierenden Ökonomie, mehr noch: sie gingen aus dieser hervor. „Der Staat führt einen ununterbrochenen Krieg gegen den Besitzlosen. Dieser Guerillakrieg ist die Keimzelle des Krieges zwischen den Nationen."[18]

Bertha von Suttners Sicht auf die Geschichte ist dem von Ramus so unähnlich nicht, wie es ihrer beider Staatsauffassungen vermuten lassen könnte. Suttner:

> Bisher ist die Geschichte der Menschheit nichts anderes als eine Kette von Greueln und Mordtaten. Vergewaltigung der Vielen durch ein paar Mächtige.[19]
>
> Das Elend neben fabelhaftem Reichtum ist eine Schande für die Zivilisation.[20]
>
> Während wir von dem Verhängnis der Monarchien und der Einsetzung der Republiken reden, bauen wir in der idealen Republik Amerika eine Geldmonarchie auf, die absoluter ist als die Macht des Zaren.[21]

Indessen setzt Suttner Ökonomie und Krieg, Staatsprinzip und Krieg in keinerlei kausalen Konnex. Beharrlich hält sie am Vertrauen in die Pazifizierung von Staatsmännern und staatlichen Strukturen fest, und immer wieder ertönt ihr Ruf nach Staatenbund, völkerrechtlichen Vereinbarungen, Schiedsgerichten.[22]

Pierre Ramus' vehemente Zurückweisung von Schiedsgerichtsideen jeder Art gründet auf historische und staatstheoretische Argumente. Die Kriegsgeschichte seit dem Altertum erweise, dass jedes auf Bündnissen und Verträgen basierende Staatsrecht eher eine Präzisierung des Kriegsrechts bedeute, als den Frieden gewährleiste.[23] Und selbst dieses würde regelmäßig und folgenlos gebrochen. „Wozu werden eigentlich völkerrechtlich bindende Verträge geschlossen, wenn

---

16 Ramus, Der Antimilitarismus als Taktik des Anarchismus, S. 205.
17 Ramus, Friedenskrieger des Hinterlandes, S. 43.
18 Ramus, Der Antimilitarismus als Taktik des Anarchismus, S. 206.
19 Bertha von Suttner, Briefe an einen Toten, 6. Aufl., Dresden 1905, S. 22.
20 Ebd., S. 179.
21 Ebd., S. 180.
22 Vgl. stellvertretend Suttner, Die Waffen nieder! S. 184 und 327, und Bertha von Suttner, Die Barbarisierung der Luft, Berlin und Leipzig [1912], S. 30.
23 Vgl. Pierre Ramus [d. i. Rudolf Großmann], Die historische Entwicklung der Friedensidee und des Antimilitarismus, Gautzsch bei Leipzig 1908, S. 6–8.

man sie nach Belieben brechen kann und der Wortbrüchige dann noch entschuldigt wird?"[24]

Erich Mühsam entwirft 1913 das Konzept eines „Weltparlaments" zur Regelung zwischenstaatlicher Konflikte, doch verwirft er das geltende Völkerrecht als Basis, denn:

> Das ganze „Völkerrecht" mit seinen Einschränkungen der Mordmethoden ist eine aufgelegte Farce. Denn das Bestreben der Staaten, das Massenmorden mit möglichst „humanen" Mitteln auszuführen, zeigt nichts anderes als den Willen, das Kriegführen selbst für alle Ewigkeit die ultima ratio der Völker bleiben zu lassen. Dem Soldaten aber dürfte es einigermaßen egal sein, ob er von einer Lanze oder Patrone durchlöchert stirbt oder ob sein sterbender Leib von einem im Körper platzenden Dumdum-Geschoß auseinandergerissen wird. Ebenso klar ist es, daß die von stets schlagbereiten Regierungen beschickten „Friedenskongresse" im Haag eher neuen Händeln den Weg bereiten als alten den Boden abgraben können.[25]

Stets suchte Bertha von Suttner Bündnispartner im Parteien-, Vereins- und Verbandsspektrum ihrer Zeit. Ihre Sympathie insbesondere für die Sozialdemokraten gründete auf deren pazifistischer Programmatik, das Eintreten für Klassen- als Menschenrechte sowie vor allem auf dem Internationalismus, der bei entsprechendem Erfolg das Verschwinden aller nationalistischen und konfessionellen Militarismen nach sich ziehen müsse.[26]

Nach Ramus hingegen zielten sowohl das Projekt der sozialistischen Revolution als auch der sozialdemokratische Gang in die Parlamente bloß darauf ab, die eine Gruppe oder Klasse an der Spitze der staatlichen Gewalt und deren Apparat auszutauschen. Als Kaderpartei mit Führungsanspruch und Führern entmündige überdies die sozialistische Partei gerade die, für die sie einzutreten vorgebe, und festige damit bloß jene Macht- und Gewaltstrukturen, die es aufzuheben, abzuschaffen, zu beseitigen gelte. Dass die sozialdemokratischen Führer und Mandatare im österreichischen Reichsrat – sie stellten seit 1911 die größte Fraktion überhaupt – 1914 die Kriegspolitik vollständig unterstützten und ihrerseits in nationalistische Kriegshetze verfielen, ahnte nicht einmal Ramus voraus. Der „Handschlag", notierte er aus der Retrospektive, mit dem die Sozialdemokraten dem Kaiser Kriegsgefolgschaft erwiesen hätten, sei „Ueberzeugungsprostitution" von „gewöhnlichen Gesinnungslumpen" gewesen.[27] Nach und nach schwärzten

---

24 Ramus, Friedenskrieger des Hinterlandes, S. 110 f.
25 Erich Mühsam, Das Weltparlament, in: Kain. Zeitschrift für Menschlichkeit 2 (1912/13), Nr. 10 (Januar 1913), S. 145–153. Auch in: E. M., Ausgewählte Werke, Bd. 1: Gedichte. Prosa. Stücke. Bd. 2: Publizistik. Unpolitische Erinnerungen, hrsg. von Christlieb Hirte unter Mitarbeit von Roland Links und Dieter Schiller. Bd. 3: Streitschriften. Literarischer Nachlaß, hrsg. von Christlieb Hirte. Berlin 1978, 1985, 1984, Bd. 2, S. 120–127, hier 123. Auch auf: Literatur 1913: http://www.literatur-1913.de/erich-muehsam/das-weltparlament.html [2019-01-02].
26 Vgl. Hamann, Bertha von Suttner, S. 410.
27 Ramus, Friedenskrieger des Hinterlandes, S. 321.

einzelne Beobachtungen auch Suttners rosiges Bild von einer pazifistischen Sozialdemokratie ein. „Empörend" fand sie bereits 1907 die Rolle der „kanonenverherrlichenden Sozialdemokraten" bei den Beratungen über das Kriegsbudget. „Dies so dumme Motiv, daß man sich durch Kanonen vor Totgeschossenwerden schützt – was immer von oben suggeriert wird – das nehmen diese Leute jetzt auf – unbegreiflich! Wo bleibt denn das ‚Proletarier aller Länder' etc.?"[28] Stets fand Suttner freilich zu ihrem ursprünglichen Wohlwollen gegenüber der Sozialdemokratie zurück: „Die einzigen – weil sie auch eine Macht sind –, auf die man hoffen kann, daß sie den Massenkrieg abwenden, sind die Sozialdemokraten."[29] Dass sie in dieser Hoffnung, ohne es selber noch erleben zu müssen, in entsetzlicher Weise betrogen werden sollte, sich womöglich schon seit geraumer Zeit auch selber betrogen hatte, belegt das Datum dieser Tagebucheintragung: Es ist der 13. Mai 1914.

Die Haltung der Sozialdemokraten zum Krieg quittiert Mühsam am 1. August 1923 in ganz anderem Zusammenhang mit beißender Kritik:

> Die Sozialdemokraten benutzten diese Tiraden der Konkurrenz von links [gemeint sind die Kommunisten, denen gerade der „Antifaszistentag" verboten worden ist] zu ödesten konterrevolutionären Hetzereien gegen alles was sie für ihre Bonzenprivilegien als gefährlich ansehn, liefen mit den Nie-wieder-Kriegern (ihrer heut vor 9 Jahren entzündeten patriotischen Hoffnungen auf gute Verzinsung der Kriegsanleihen), mit Pazifisten und Syndikalisten (die moralische Predigten an die Bürger im Sinne Berta v. Suttners für „Antimilitarismus" halten) in Parallelversammlungen zu den kommunistischen Ersatz-Demonstrationen in geschlossenen Sälen, und abgesehn von Lebensmittelplünderungen, selbstverständlich mit Toten und Verwundeten bei den Demonstranten, verlief der Tag in schönster Ruhe und Ordnung. Der sozialdemokratische Polizeipräsident von Berlin Richter hatte ein übriges getan, indem er dem französischen Pazifisten, Professor Langevain, das Reden verbot, weshalb sich sogar seine eignen Parteigenossen (Rabold drohte mit Austritt aus der Partei) schwer alterierten.[30]

Als „Anarchisten" bezeichnet sich Pierre Ramus im Untertitel seines Romans „Friedenskrieger des Hinterlandes",[31] die Anarchie gilt ihm als das, wofür zu werben sei, eine Vielzahl seiner Publikationen führen „Anarchismus" oder „anarchistisch" im Titel. Mit einem „Anarchisten" assoziiert man in Österreich und Deutschland selbst unter Gebildeten nicht selten einen, der die Bombe stets unter dem Bett bereit hält, zum mindesten jedoch einen Terroristen oder Chaoten. Der Erzähler bekennt am Beginn des Romans: „[I]ch bin Anarchist im Sinne der Gewaltlosigkeit".[32] Der wohlbekannte Einwand folgt auf dem Fuß: „‚Sind

---

28 Bertha von Suttner, TB vom 25. April 1907, zit. n. Hamann, Bertha von Suttner, S. 418.
29 Bertha von Suttner, TB vom 13. Mai 1914, zit. n. ebd., S. 512.
30 Mühsam, TB Niederschönenfeld, Mittwoch, 1. August 1923.
31 Auch Ramus, Friedenskrieger des Hinterlandes, S. 140.
32 Ebd.

Anarchisten keine Mörder? [...] Hat nicht ein solcher Anarchist unsere unglückliche Kaiserin ermordet? War das kein Anarchist?'" Darauf Ramus:

> Nein. [...] Luccheni war [...] ein Verbrecher, aber kein Anarchist, denn Anarchismus ist Gewaltlosigkeit. [...] Es sind immer bestimmte unselige Verhältnisse, die Menschen irgendeiner Partei – Monarchisten, Republikaner, Demokraten, Klerikale, Patrioten und Nationalisten, wie Sozialdemokraten, sie alle haben in ihrer Geschichte Attentate – zu der Gräßlichkeit eines Attentats bewogen. Aber während alle die vorgenannten Parteien die Gewalt als legale Staatsbetätigung anerkennen und nur als illegale Anmaßung und Ausübung des Individuums verpönen, verwirft der Anarchismus jedwede Gewalt: sowohl die Staatsgewalt als auch die individuell, persönlich ausgeübte.[33]

„Anarchismus ist Gewaltlosigkeit": Von Sätzen und Programmen wie diesen hielt Mühsam nichts, denn, wie es in „Die Befreiung der Gesellschaft vom Staat" heißt:

> Gewalt ist ein Kampfmittel, daß [!] sich von andern Kampfmitteln wie Ueberredung, Ueberlistung, passiven Widerstand usw. gar nicht grundsätzlich unterscheidet. Die Behauptung, der anarchistische Gedanke sei unvereinbar gerade mit dem Kampf, der die Anwendung körperlicher Kraft oder ihre mechanische Verstärkung durch Waffengebrauch vorsehe, ist eine willkürliche Verfälschung des anarchistischen Gedankens. Wem Gewalt im Kampfe unangenehm ist, mag sie vermeiden, mit Anarchismus hat solche persönliche Geschmacksrichtung nichts zu tun. Da der Anarchismus den Kampf bejaht, kann er nicht eine Abstufung zwischen den äußeren Kampfformen vornehmen und eine Grenze ziehen, jenseits deren der Kampf verneint wird. Auch die Anwendung von Zwang ist nicht allgemein im Widerspruch zu anarchistischem Verhalten. Ein im Kampf bezwungener Gegner muß selbstverständlich verhindert werden, den Kampf weiterzuführen. Ein sozialer Schädling muß genötigt werden, sich in die Notwendigkeit der gemeinsamen Lebensgestaltung einzufügen. Solche Verhinderung und Nötigung ist Zwang. Unzulässig im Sinne anarchistischer Auffassung werden Gewalt und Zwang erst, wenn sie im Dienste einer Befehlshoheit stehen [...]. Der Anarchismus ist gegen Staatsgewalt und Staatszwang, weil er gegen Staatsmacht ist. Um der Sauberkeit des Denkens willen muß aber unterschieden werden: Gewalt ist Kampfhandlung, bloßes Mittel zur Erreichung eines Zwecks; Zwang ist Maßregel im Kampf und Mittel zur Sicherung des erreichten Kampfzweckes, Macht ist ein Dauerzustand von Gewalt und Zwang zur Niederhaltung von Gleichheitsgelüsten, ist das von oben her verfügte Zwangs- und Gewaltmonopol der Herrschaft.[34]

Was Mühsam den konsequent gewaltlosen Anarchismus und Antimilitarismus noch zusätzlich verdächtig, oder mehr noch: verhasst machte, war der problematische Charakter von Ramus als einem seiner Hauptvertreter: Ramus galt nicht

---

33 Beide ebd., S. 170 f.
34 Erich Mühsam, Die Befreiung der Gesellschaft vom Staat. Was ist kommunistischer Anarchismus? Berlin 1933, in: E. M.: Gesamtausgabe, hrsg. von Günther Emig, Bd. 4: Prosaschriften II, hrsg. und mit Anmerkungen von G. E. Berlin 1978, S. 251–298, hier 267. Auch auf: https://de.wikisource.org/wiki/Die_Befreiung_der_Gesellschaft_vom_Staat [2019-01-02].

nur seinen politischen Gegnern als betulich, gefühlig und auf eine schwer erträgliche Art obergescheit, außerdem wurden ihm Schwindelhaftigkeit, Verschlagenheit auch gegenüber Genossen und selbst Fälschungen bei Übersetzungen vorgeworfen. Mühsams Zorn richtet sich in seinen Tagebüchern sowohl gegen Ramus' Programm als auch gegen die Person:

> Leider haben die Anarchisten sich längst zu tief in die pazifistischen Bourgeoisgaukeleien verstricken lassen – die Wiener Dreckschleuder, Pierre Ramus hat überhaupt keine engeren Gesinnungsgenossen als die Schmalzfriedriche bürgerlicher Pazifisten. Die Idee des Antimilitarismus wird dadurch völlig korrumpiert. Sie hat die Aufgabe, den Kapitalismus an seiner stärksten Position, nämlich in seiner organisierten Waffenmacht zu treffen. Den Krieg schafft man nur aus der Welt, indem man seine Wurzeln ausreißt, nicht indem man sentimentale Bekenntnisse schmettert. Das Gegengift gegen den Krieg ist die Revolution, und geht's nicht anders, dann muß die Revolution kriegerisch geführt werden. Bakunin hat, und zwar mit Recht, den Bürgerkrieg als absolut notwendiges, und infolgedessen erstrebenswertes Revolutionsmittel nachgewiesen.[35]

Anlässlich des Todes von Krapotkin im Februar 1921 notiert Müsam:

> Ein furchtbarer Schlag: Peter Krapotkin ist tot! – [...] Ich mag mich hier nicht literarisch ausweinen – [...] Wahrscheinlich werden nun auch gleich gewisse Anarchisten beginnen, sein Bild zu fälschen, wie es der unsägliche Rudolf Großmann (Pierre Ramus) in seinem „Erkenntnis und Befreiung" in Wien mit Landauer macht, dessen reinen großen Rebellengeist er in seine Brühe vom „gewaltlosen" Anarchismus hinabzuziehn sucht.[36]

Und 1922 heißt es im Tagebuch: „Jedenfalls will ich 1000mal lieber mit Ravachol zusammengenannt werden als z. B. mit dem Wiener Schleimfetzen Rudolf Großmann, der die Frechheit hat, sich Pierre Ramus zu nennen und der bestenfalls ein weinerlicher Pazifist, im ganzen Leben aber kein Revolutionär ist."[37]

Suttner flößte ein Zustand der Anarchie Entsetzen ein, doch galt ihr als ein solcher nicht das Utopia der Anarchisten, sondern die zwischen und in den Nationen herrschenden Verhältnisse.[38] Selbst in der allgemeinen Anarchistenhysterie im Umkreis der Ermordung der österreichischen Kaiserin Elisabeth von Österreich-Ungarn durch Luigi Lucheni bewahrte die Pazifistin das Vermögen, zwi-

---

35 Mühsam, TB Niederschönenfeld, Dienstag, 1. August 1922.
36 Mühsam, TB Niederschönenfeld, Donnerstag, 10. Februar 1921. – Zu Mühsams ausführlichem Nachweis der „Fälschung" von Ramus' Übersetzung von Krapotkins „Paroles d'un révolté" im Sinne einer radikalen Gewaltlosigkeit des Anarchismus vgl. Mühsam, TB Niederschönenfeld, Dienstag, 5. September 1922.
37 Mühsam, TB Niederschönenfeld, Sonnabend, 30. Januar [Dezember] 1922.
38 Vgl. Bertha von Suttner, Der Kampf um die Vermeidung des Weltkriegs. Randglossen aus zwei Jahrzehnten zu den Zeitereignissen vor der Katastrophe. (1892-1900 und 1907-1914.), hrsg. von Alfred H[ermann] Fried, Bd. 1: Von der Caprivischen Heeresvermehrung bis zum Transvaalskrieg, Bd. 2: Von der zweiten Haager Konferenz bis zum Ausbruch des Weltkrieges, Zürich 1917, Bd. 1, S. 86.

schen Selbsteinschätzung und Fremdeinschätzung – Lucheni wurde unter den Anarchisten nie als einer der ihren anerkannt – sowie zwischen Ursachen und Folgen zu differenzieren. Und ganz allgemein gilt ihr:

> Gewiß, soll man sich schützen und wachen und etwaige Komplotte vereiteln. Aber vor allem soll man aufhören, die ganze Gesellschaftsordnung auf das Recht – vielmehr auf die Pflicht des Totschlags aufzubauen. Den Satz muß man umstoßen, daß irgend ein Zweck ein unreines Mittel rechtfertigen könne, und den Satz muß man aufstellen: *Unverletzlich ist das Menschenleben.* Wenn wir von Frieden und von Waffenniederlagen reden, so antwortet man uns: „Die Herren Anarchisten sollen anfangen." Warum sollen denn die Verkommenen, die Verzweifelten, die von Elend Gehetzten anfangen? Warum nicht die Glücklichen und Hohen?[39]

> Die Verbrecherhaftigkeit der Absicht, Gebäude und unschuldige Menschen in die Luft zu sprengen [...], wird sehr lebhaft empfunden, wenn es sich um ein paar vereinzelte Bomben handelt; wenn aber in aller Ruhe [...] gesagt wird, diese oder jene Kriegspartei beabsichtigt den Krieg herbeizuführen, [...] wobei hunderttausendmal so viel Bomben losgehen würden, so findet man diesen Fall wohl auch einigermaßen „ernst", aber dessen Verbrecherhaftigkeit fällt nicht auf.[40]

Engstens verband die beiden Pazifisten Suttner und Ramus ein Satz: der Satz „Du sollst nicht töten". „Du sollst nicht töten", heißt es in Suttners Nobelpreisrede 1906,[41] „Du sollst nicht töten" in „Die Waffen nieder!"[42] „Kein Mund", schreibt Ramus 1914 in sein Tagebuch, „verkündet das heilige Gebot: ‚Du sollst nicht töten!'"[43] Das Christentum, genauer: die Christlichkeit, wie sie Lev Nikolaevič Tolstoj sie verstand, wird man als Angelpunkt – aber auch Scheidelinie – zwischen Suttners und Ramus' Friedenskonzepten betrachten dürfen. Von 1888 an beschäftigte sich das Ehepaar Suttner intensiv mit dem Werk Tolstojs,[44] und mit dem von ihr hochverehrten „Weisen von Jasnaja Poljana"[45] stand Bertha von Suttner seit 1891 in loser Korrespondenz. Übereinstimmen konnte Bertha von Suttner mit Tolstojs Abscheu vor Dogmen jeder Art, mit seinem Kampf gegen Nationalismus, Patriotismus, Antisemitismus und Klerikalismus, doch ging ihr die Radikalität der Mittel, mit denen eine Gesellschaft ohne Krieg und Staat zu schaffen sei, gegen den Strich.

Zur Erinnerung: In den gegenwärtigen Staaten führten nach Tolstoj alle Menschen ein sklavenartiges Dasein im Dienste der Besitzerhaltung und Besitzsteigerung einiger weniger. Gleichgültig welcher Monarch, welcher Diktator, wel-

---

39 Ebda, S. 495.
40 Ebda, S. 71.
41 Bertha von Suttner, Vortrag vor dem Nobel-Comitee des Storthing zu Christiana am 18. April 1906, in: B. v. S.: Memoiren, hrsg. von Lieselotte von Reinken, Bremen 1965, S. 515–520, hier 515.
42 Suttner, Die Waffen nieder!, S. 95.
43 Ramus, Friedenskrieger des Hinterlandes, S. 258.
44 Vgl. Hamann, Bertha von Suttner, S. 65.
45 Suttner, Memoiren, S. 491.

che Partei an die Macht kämen, notwendig müssten sie, um ihre Macht zu erhalten, nicht nur alle vorhandenen Gewaltmittel anwenden, sondern noch neue hinzuerfinden.[46] Die christlichen Konfessionen hätten ihr ursprüngliches Ziel, die Menschen aus der Knechtung durch staatliche und ökonomische Tyrannei zu befreien, nicht nur aus den Augen verloren, sondern planmäßig zu eigenem Besitz- und Machterhalt verraten. Deshalb segneten sie Waffen, bemäntelten Unrecht mit Formeln, erstarrten in Konventionen und Riten. Die Künstler schliefen in ihrem Elfenbeinturm den Schlaf der Ungerechten, der Sozialismus doktere am Unheilbaren herum und die Revolutionäre bedienten sich derselben Gewalt wie ihre Feinde – was das Unrecht fortschreibe und verewige. Mit demokratischen, philanthropischen oder revolutionären Verbesserungen von Regierungsformen komme man nach Tolstoj all dem nicht bei. Nicht der Staat, sondern der Mensch selber müsse geändert werden. Herzstücke dieser Antistaatslehre sind der allgemeine Friede und die Friedlichkeit des einzelnen. Hierin ging Tolstoj über die gängigen Pazifismus-Konzepte weit hinaus, verwarf er doch jede Hoffnung auf Vereinbarungen und Verträge zwischen Potentaten, Parlamenten und Parteien. Friede könne nur über die Friedfertigkeit des einzelnen errungen werden, und diese wiederum nur durch eine unbedingte und uneingeschränkte Befolgung des Tötungsverbotes. In der Praxis bedeute dies die Weigerung, sich unter staatlicher Anleitung im Morden schulen zu lassen, mithin die Pflicht zur Wehrdienstverweigerung, und in letzter Konsequenz selbst das Verbot der Tötung in Notwehr. Als Berufungsinstanz gilt Tolstoj die Bergpredigt mit den Maximen:

> Ihr habt gehört, daß zu den Alten gesagt worden ist: „Du sollst nicht töten"; wer aber jemand tötet, soll dem Gericht verfallen sein. Ich aber sage euch: Jeder, der seinem Bruder auch nur zürnt, soll dem Gericht verfallen sein […].
>
> Ihr habt gehört, daß zu den Alten gesagt worden ist: „Du sollst keinen Meineid schwören", und: Du sollst halten, was du dem Herrn geschworen hast. Ich aber sage euch: Schwört überhaupt nicht […].
>
> Ihr habt gehört, daß gesagt worden ist: „Auge für Auge" und „Zahn für Zahn". Ich aber sage euch: Leistet dem, der euch etwas Böses antut, keinen Widerstand, sondern wenn dich einer auf die rechte Wange schlägt, dann halt ihm auch die andere hin. Und wenn dich einer vor Gericht bringen will, um dir das Hemd wegzunehmen, dann laß ihm auch den Mantel. Und wenn dich einer zwingen will, eine Meile mit ihm zu gehen, dann geh zwei mit ihm. Wer dich bittet, dem gib, und wer von dir borgen will, den weise nicht ab.
>
> Ihr habt gehört, daß gesagt worden ist: „Du sollst deinen Nächsten lieben" und deinen Feind hassen. Ich aber sage euch: Liebt eure Feinde und betet für die, die euch verfolgen.[47]

---

46 Vgl. zur Einführung Stefan Zweig, Drei Dichter ihres Lebens. Casanova. Stendhal. Tolstoi, Frankfurt a. M. 1981, S. 257–275.
47 Jesus von Nazareth, Aus der Bergpredigt im Evangelium nach Matthäus, Mt 5, 21–44 (in der Einheitsübersetzung).

Ramus ruft Jesus in seinem Roman als Zeugen für seine antimilitaristische Haltung auf, und auf die Frage, welcher Konfession er angehöre, antwortet der Ich-Erzähler: „Konfessionslos und Christ."[48] Christ zu sein bilde nämlich einen Gegensatz zu den jüdisch-christlichen Konfessionen,[49] in denen eine Kaste von Klerikern die Menschen in die Fesseln konfessionellen Wahns schlage und das Ideal der Brüderlichkeit, selbst das Tötungsverbot zu hohlen Phrasen verkommen seien. In Kriegszeiten Christ zu bleiben, bedeute nichts anderes als die Pflicht zur Wehrdienstverweigerung. Eine Pflicht zur Verweigerung von Fahneneid und Wehrdienst will Suttner aus der Bergpredigt Jesu nicht ablesen, jedoch einen Appell zur „Güte", die anstelle der Vergottung von Stärke, Härte, Kalkül und Kälte „zum Motor des ganzen Gesellschaftslebens werden" müsse.[50]

Auch Mühsam fasst das biblische Gebot als „überzeugendsten Einwand gegen den Krieg" auf:

> Du sollst nicht töten! in dieses einfache, klare Gebot des alten Testaments faßte der große Dichter, Mahner und Bekenner [Tolstoj] die Summe der Einwände zusammen, die seine Vernunft und sein Gefühl gegen den Krieg als Auseinandersetzung zwischen Menschen erhoben. Du sollst nicht töten! [...] Daher hat Tolstoi recht, wenn er immer wieder das Gebot „Du sollst nicht töten!" als stärksten und überzeugendsten Einwand gegen den Krieg heranzieht. Da wir von Natur aus Moralisten sind, kommt es uns zu, die moralische Forderung als kategorischen Imperativ beweiskräftig für uns zeugen zu lassen. Krieg ist organisierter Massenmord und schon deshalb schlechthin unsittlich. An dieser apodiktischen Beweisführung zerschellt jedes Argument, das noch je zur Rechtfertigung von Kriegen hat dienen sollen. Daran zerschellt insonderheit der gottergebene Fatalismus, der sich mit der bequemen Resignation genugtut: „Wir können's nicht ändern!"[51]

Bertha von Suttner und Pierre Ramus schauen in ihren Romanen der Fratze des Krieges mitten ins Gesicht. Rauchende Dorftrümmer werden geschildert, zertretene Saaten, herumliegende Waffen und Tornister, durch Granaten aufgewirbelte Erde, Blutlachen, vor Angst toll gewordenes Vieh, Pferdeleichen, Massengräber, auf das Gräulichste zerrissene und zerfetzte Leiber, ein Soldat, dem eine Granate den Unterleib aufgeschlitzt und alle Eingeweide herausgerissen hat. In flammenden Worten appelliert Mühsam, doch einfach daran zu denken, was

> das Gräßliche [...] des Krieges ausmacht? Denkt an die Schilderungen derer, die solche Heldenzüge mitgemacht haben. Denkt daran, daß Städte umzingelt und ausgehungert werden, wobei Hunderte und Hunderte Hungers sterben, denkt an den Sturm auf die Städte, wie sie in Brand geschossen werden und Kinder, Frauen, Greise, Kranke und Krüppel ihr Leben lassen müssen – fürs Vaterland! Denkt an die Eroberungen der Städte, wie die Soldaten, wochenlang keiner Schürze nah, sich mit geilen Nerven auf die fremden Frauen stürzen. Denkt an die innere Ver-

---

48 Ramus, Friedenskrieger des Hinterlandes, S. 64.
49 Vgl. ebd., S. 64 f.
50 Suttner, Briefe an einen Toten, S. 40.
51 Erich Mühsam: Abrechnung. In: AW 3, S. 66 f.

wilderung des einzelnen, der in ununterbrochener Angst um das eigene Leben täglich Sterbende und Leichen sieht, dem schon dadurch alle Raubtierinstinkte wach werden und dem noch dazu stündlich gelehrt wird, daß das Umbringen von Menschen Tapferkeit sei. Und denkt an die Schlachten in den modernen Kriegen selbst! Wo ist da noch etwas von persönlichem Heldenmut? Wie maschinell und untapfer wird heutzutage gekämpft! Aus verdeckten Gräben schießt man aus Kanonenläufen und Maschinengewehren auf die Stelle, wo man den Feind vermutet, läßt Sprengstoffe explodieren und wird selbst von Granatsplittern zerrissen, ohne zu sehen, woher der Mord geschickt ist. Der Kampf von Unsichtbaren gegen Unsichtbare – ist das nicht der furchtbarste Hohn auf alle Menschenwürde?[52]

Aus dem Gesicht des Krieges schließen Suttner wie Ramus auf dessen Essenz: Der Krieg „entmenscht, vertigert, verteufelt" den Menschen[53] und kehrt alle Konventionen und Gesetze um: „Totschlag gilt nicht mehr als Totschlag; Raub ist nicht Raub – sondern Requisition; brennende Dörfer stellen keine Brandunglücke, sondern ‚genommene Positionen' vor."[54] Mithin ist Krieg nichts anderes als „Gewalt, Raub, Glaubensaufzwingung, Totschlagpolitik",[55] „Mordarbeit" und „Blutarbeit", Kriegshelden bloße „Titanen des Völkermordes".[56] In den Worten von Ramus: „Krieg ist der Mord auf Kommando."[57]

Mit „Das große Morden" überschreibt Mühsam einen im Mai 1914 in „Kain" erschienenen Artikel.[58] Und schon 1911 konstatiert er: „Wer in den Krieg geführt wird, nimmt die Weisung mit, zu morden, mit verheerenden Waffen Menschen zu töten, die er nicht kennt, von denen er nichts weiß, die ihm nichts getan haben und die ihm nie etwas tun möchten, würden sie nicht ebenfalls zum Morden gezwungen."[59]

Am Beginn jeden Krieges hört man Politiker von nationaler Würde und Offiziere von patriotischer Pflicht reden, sieht man Soldaten frohgemut ausrücken und verzückte Frauen Fahnen schwenken; Kinder erklären öffentlich, nun sei es an der Zeit, den Vater dem Vaterland zu schenken. Getragen und gesteigert wird dieser Einzel- und Massenwahn, Suttner führt dies minutiös aus, durch eine ganz bestimmte Phraseologie. Sie beginnt bereits mit dem scheinbar korrekten Befund: Der Krieg ist „ausgebrochen".[60] „Man vergißt, daß es zwei Haufen Menschen sind, die miteinander raufen gehen".[61] Ab dann ist in der Öffentlichkeit

---

52 Erich Mühsam, Das große Morden. In: AW 2, S. 167–173, hier 169 f. Auch auf: https://www.anarchismus.at/anarchistische-klassiker/erich-muehsam/158-erich-muehsam-das-grosse-morden [2019-01-02].
53 Suttner, Die Waffen nieder!, S. 216.
54 Ebd., S. 95.
55 Suttner, Der Kampf um die Vermeidung des Weltkriegs, Bd. 1, S. 628.
56 Alle Suttner, Die Waffen nieder!, S. 137, 146 und 306.
57 Ramus, Der Antimilitarismus als Taktik des Anarchismus, S. 51.
58 Siehe Fußnote 52.
59 Erich Mühsam: Heldentaten. In: AW 2, S. 87 f., hier 87.
60 Suttner, Die Waffen nieder!, S. 20.
61 Ebd., S. 24.

fast nur mehr von „Strategie" und „Chancen" die Rede.[62] Die „Phrase, die durch tausendfältige Wiederholung sanktionierte Phrase", der Soldat sterbe „gerne für das Vaterland", klingt ihr „wie *gesprochener Totschlag*".[63]
Rationalisiert und sublimiert wird der kriegerische Einzel- und Massenwahn durch Begründungssysteme mehrerlei Art. Bei der Auflistung der zum Teil auch heute üblichen Glaubenssätze für den Krieg treten Suttner und Ramus geradezu in einen Dialog. Aus beider Dekalog der Kriegspropaganda sei ein noch heute üblicher Glaubenssatz herausgegriffen: Kriege hätte es immer gegeben; sie seien damit sozusagen von Gott eingesetzt und akzeptiert. Nichts weniger als unsinnig erscheint den beiden die Berufung auf den christlichen Gott. Die Behauptung von Klerikern, der Krieg – oder zumindest der eine oder andere Krieg – werde von Gott akzeptiert,[64] sei durch das Gebot „Du sollst nicht töten" zwingend aufgehoben. Vor dem Hintergrund des christlichen Monotheismus versteht Suttner „die Gebete zweier sich gegenüberstehender Armeen nicht, wo jede vom barmherzigen Himmel die Vernichtung des anderen erfleht."[65] Ramus führt das Argument weiter aus:

> Deutsche Pfaffen beten zum protestantischen, österreichische und ungarische zum katholischen, Juden zum jüdischen, die Engländer zum protestantischen, die Franzosen zu beiden und die Balkanpfaffen zum griechisch-orthodoxen Gott; und wenn jetzt auch noch die Türken dazukommen, werden sie zu ihrem Allmächtigen, zu ihrem Allah-Gott beten, dieser möge ihren, just ihren Waffen den Sieg verleihen. [...] Sonderbarerweise steht Gott im Kriege nie auf Seiten der Schwachen, sondern immer auf Seite der Starken und Stärksten und deshalb Raubtierähnlichsten.[66]

Mühsam entlarvt das Argument, Kriege hätte es immer gegeben, als logisch falsch und historisch fragwürdig:

> Kriege hat es immer gegeben! Das ist die gebräuchlichste Antwort auf Charakterisierungen des Kriegs als menschenunwürdige, schändliche Barbarei: Historiker, Forscher und all die vielen, die nicht gewohnt sind, Dinge, die sie vertreten zu müssen glauben, vorher ernster Überlegung zu würdigen, fahren dem Friedensfreund gleichmäßig sicher mit dieser fadenscheinigen Behauptung in die Parade. Ihnen darf zweierlei entgegengehalten werden. Erstens: Warum muß, was immer gewesen ist, immer bleiben? – Zweitens: Woher wißt ihr, daß es zu allen Zeiten Kriege gegeben hat?[67]

„Stell dir vor, es ist Krieg und keiner geht hin." Die aus den 1980ern erinnerliche Losung schwebte sinngemäß schon Ramus als Antwort auf Kriegsproklama-

---

62 Ebd., S. 16.
63 Ebd., S. 209.
64 Vgl. Suttner, Die Waffen nieder!, S. 318.
65 Bertha von Suttner, Inventarium einer Seele, 4. Aufl., Dresden 1904, S. 366.
66 Ramus, Friedenskrieger des Hinterlandes, S. 78 f.
67 Mühsam, Abrechnung, S. 71.

tionen jeder Art vor. Jedem einzelnen Betroffenen biete die Verweigerung des Fahneneids eine konkrete Handhabe, für den Frieden einzustehen. Dieser individuelle Protest gegen den Krieg hätte kollektiv ergänzt zu werden durch Generalstreik, Soldatenstreik und organisierten passiven Widerstand. Hierin sieht auch Mühsam das wirksamste Mittel gegen den Krieg: In „Das Weltparlament" von 1913 heißt es:

> Die einzige wirklich aussichtsvolle Agitation gegen den Krieg wird jetzt von den revolutionären Antimilitaristen betrieben, die in der richtigen Erkenntnis, daß Kriege nicht von Fürsten und Regierungen, sondern vom arbeitenden Volke geführt werden, ihr Wort direkt an die Leidtragenden richten. Die Arbeiter und Bauern jedes Landes sind in der Tat imstande, Kriege zu verhüten, wenn sie im Moment, wo das Unglück droht, ihre Arbeitskraft dem öffentlichen Leben entziehen, den allgemeinen Streik proklamieren und eine wirtschaftliche Krisis heraufbeschwören, die immer noch viel erträglicher ist als die Katastrophen mörderischer Schlachten und völliger Vernichtung des geregelten Austausches unter den Menschen und die zugleich die Möglichkeit, zum Kriege vorzugehen, technisch unterbindet. [...] Und daß das Mittel des gegen einen Krieg gerichteten Generalstreiks nur unter Mitwirkung der werktätigen Bevölkerung aller in Frage kommenden Nationen möglich ist, bedarf keiner näheren Begründung.[68]

Nach Mühsam seien die Kampfmittel des Anarchisten (im Kriege):

> Der Streik, die Unmöglichmachung der Arbeit, Sabotage, der passive Widerstand durch übertrieben genaue Beobachtung der Betriebsvorschriften, durch Behinderung von Streikbrechern, durch absichtliche Pfuscharbeit, die Sperre (Boykott) für gewisse Waren [...]. Arbeitsverweigerung beim Bau von Kriegsschiffen, Kasernen, Zuchthäusern, Justizgebäuden, bei der Herstellung von Kriegswaffen, Polizeimunition, arbeiterfeindlichen Zeitungslügen.[69]

Im Gegensatz zum gewaltfreien Anarchisten Ramus und gar zur bürgerlichstaatstreuen Pazifistin Bertha von Suttner schließt Mühsam keine Kampfmittel zur Verhütung oder Verkürzung des Krieges – ja überhaupt zur „Befreiung der Gesellschaft vom Staat"[70] – aus; da stellt er sich in die Tradition von Jean Paul Marat, der während der französischen Revolution als Präsident des Klubs der Jakobiner für die Septembermassaker verantwortlich gewesen war, bei denen 1792 über 1.200 inhaftierte Gegner der Revolution ermordet wurden. Mehrmals stellte sich Mühsam auch in die Tradition des „Propagandisten der Tat" Bakunin: Das Gedicht „Ruf aus der Not" von 1919 ruft die beiden an:

> Marat! Bakunin! Steigt aus eurer Gruft empor!
> Wacht auf, schaut um euch, staunt, empört euch, lebt und helft! [...]
> Marat! Bakunin! Gebt von eurer Leidenschaft

---

68 Mühsam, Das Weltparlament, S. 123 f.
69 Mühsam, Die Befreiung der Gesellschaft vom Staat, S. 282 f.
70 So der programmatische Titel von ebd.

uns, denen dieses Volks Revolution vertraut [...].
Befruchtet, Tote, uns mit Kraft und Zorn und Haß,
das Werk zu tun, das wenn ihr Rechenschaft verlangt,
so leuchtend über aller Zukunft Wegen strahlt,
daß ihr es selbst als Körnung eures Werks erkennt.[71]

"Im Geiste Bakunins" betitelte Mühsam 1914 einen Artikel in "Kain" und beteuert:

> Wir aber [...] wollen uns [...] gern als Nachfolger Michael Bakunins fühlen, in dem Bewußtsein, wieviel größer und schöner dieser unbestechliche freie Geist vor der Geschichte dasteht als seine diplomatisch rechnenden, mit gedungenen Kreaturen gegen ihn intrigierenden Feinde [die Marxisten]. Zugleich wollen wir das Bekenntnis ablegen zu seinen Lehren, die unser Streben geworden sind.
>
> Wir wollen Anarchisten sein. [...] Michael Bakunin hat es uns gelehrt, daß alles Destruieren ein Aufbauen des Besseren schon in sich schließt, oder um dasselbe mit seinen eigenen Worten zu sagen:
>
> "Die Lust am Zerstören ist eine schaffende Lust!"[72]

Ein "Lob der Tat", nämlich dem Attentat und dem Terror, singt Mühsam auch dem österreichischen Politiker der Sozialdemokratischen Arbeiterpartei (SDAP) Friedrich Adler im Mai 1917. Adler hatte 1916 aus Protest gegen die Politik der Regierung im Ersten Weltkrieg den österreichischen Ministerpräsidenten Karl Stürgkh erschossen, war dafür zum Tode verurteilt und später von Kaiser Karl zu 18 Jahren Kerker begnadigt und 1918 amnestiert worden.

Lob der Tat
(für Friedrich Adler)
Mai 1917

Jammern und um Hilfe schreien
schafft nicht Heil noch Rat.
Eins nur kann die Welt befreien,
Eines nur! die Tat.

Arbeit, Sehnsucht lag vernichtet,
und die Menschheit schlief.
Einer hat sich aufgerichtet,
eh sein Volk ihn rief.

---

71 Erich Mühsam: Ruf aus der Not, in: AW 1, S. 131–133, hier 131 (Anfang) und 133 (Schluss). Auch auf: https://de.wikisource.org/wiki/Ruf_aus_der_Not [2019-01-02].
72 Erich Mühsam, Im Geiste Bakunins, in: Kain. Zeitschrift für Menschlichkeit 4 (1914), Nr. 3. Digitalisiert von der Anarchistischen Bibliothek und Archiv Wien. Auf: https://www.anarchismus.at/anarchistische-klassiker/erich-muehsam/6386-erich-muehsam-im-geiste-bakunins [2018-12-30].

> Einer, den der Tod nicht schreckte,
> traute seiner Hand.
> Eines Mannes Ratschluß weckte
> Welt und Volk und Land.
>
> Dieser Starke wog nicht lange
> Leben und Geschick.
> Erst des Henkers hanfnem Strange
> beugt er sein Genick.
>
> Wenn ein Adler aus der Wolke
> er einst niederschwebt,
> wird er sehn, ob in dem Volke
> noch sein Beispiel lebt.
>
> Heilige Gelübde seien
> Früchte seiner Saat!
> Eins nur kann die Welt befreien,
> Eines nur: die Tat![73]

Und heute? Mit der systematischen Abwicklung ihrer Programme hat man den gewaltfreien Anarchisten Pierre Ramus und die bürgerliche Pazifistin Bertha von Suttner ins Abseits gestellt. Im kollektiven Gedächtnis Österreichs hat Pierre Ramus keinerlei Platz gefunden, zählt somit zu den „vergessen Gemachten", zu den historiographisch Exkommunizierten und strafweise Totgeschwiegenen.[74] Nachgerade albern erschien die „Friedens-Bertha" vielen Zeitgenossen. Stefan Zweig zeichnet den Verlauf dieser Ridikülisierung nach:

> Als sie das erste Mal dieses Wort: „Die Waffen nieder!" in die Welt schrie, liefen ihr die Leute zu und horchten auf. Aber als sie immer wieder nur dasselbe sagte: „Die Waffen nieder!" „Die Waffen nieder!", begann sich die Neugier zu langweilen. Man nahm diese leidenschaftliche Monotonie des Gedankens für Armut, seine Sinnfälligkeit für Banalität. [...] Allmählich war sie etwas ganz Lächerliches geworden, die Friedens-Berta [!] der Witzblätter, und man nannte sie eine gute Frau mit jener mitleidigen Betonung, durch die man Güte der Dummheit nachbarlich macht.[75]

Aus der Retrospektive taugt Bertha von Suttner als Friedensnobelpreisträgerin trefflich zur Ikonisierung. Dabei ist sie als historische Erinnerungsfigur zwar nicht auf den Hund, sondern, schlimmer noch, auf die Tausend-Schilling-Note

---

73 Erich Mühsam, Lob der Tat. Aus: E. M.: Brennende Erde. Verse eines Kämpfers (1920). Auf: https://de.wikisource.org/wiki/Lob_der_Tat [2018-12-30].
74 Vgl. Pierre Bourdieu, Das literarische Feld, in: Streifzüge durch das literarische Feld. Texte von Pierre Bourdieu [u. a.], Konstanz 1997, S. 33–147, hier 56.
75 Stefan Zweig, Berta von Suttner, in: „Krieg ist der Mord auf Kommando", S. 145–154, hier 148 f.

und zuletzt auf die Zwei-Euro-Münze gekommen[76] – ein Zynismus der besonderen Art, bedenkt man Suttners radikale Absage an monetäres Kalkül als globales politisches Prinzip.[77]

Laut und unermüdlich wider den Krieg aufzutreten, ihn unverblümt als Verbrechen und Mord zu bezeichnen, „Du sollst nicht töten" nicht als beschauliche Sonntagsformel, sondern als konkretes Programm aufzufassen, gar eine Welt ohne Herrschaft und Staat zu fordern: All dies scheint nicht zu dem zu passen, was sich als „Zeitgeist" geriert. Viel eher gehorcht ihm da schon eine generelle Politikverweigerung mit dem Argument, die Beschäftigung mit Problemen der Gesellschaft oder Gemeinschaft sei generell als frucht- und nutzlos zu verwerfen. Suttner repliziert darauf vorausschauend mit der rhetorischen Frage: „Soll denn wirklich das Politisieren, also die Beschäftigung mit dem wichtigsten, das es im öffentlichen Leben gibt, den Schmocks der Redaktionsstuben und den Philistern der Bierbank überlassen werden?"[78] Für den Schriftsteller, den Wissenschaftler, den Intellektuellen bedeute dies: „Arbeiten, arbeiten am Wohle der Menschheit [...]. Das heißt also – wenn das Werkzeug die Feder ist – sich hinsetzen, alle Gedanken auf die Probleme konzentrieren, zu deren Lösung man sein Geistesscherflein beitragen will, und schreiben, schreiben. Aufsätze, Dichtungen, Romane ..."[79]

---

76 1.000-Schilling-Banknote „Bertha von Suttner" (Österreich), eingeführt 1966 und bis zur Einführung des Euro als Bargeld 2002 gültig; 2-Euro-Kursmünze „Bertha von Suttner" (Österreich), eingeführt mit dem Euro als Bargeld 2002.
77 Vgl. Müller-Kampel, Bürgerliche und anarchistische Friedenskonzepte um 1900, S. 15 f.
78 Suttner, Briefe an einen Toten, S. 200.
79 Ebd., S. 1 f.

Literaturhinweise

Biedermann, Edelgard, Erzählen als Kriegskunst. „Die Waffen nieder!" von Bertha von Suttner. Studien zu Umfeld und Erzählstrukturen des Textes, Stockholm 1995.

Bergpredigt im Evangelium nach Matthäus, Mt 5, 21–44 (in der Einheitsübersetzung).

Bock, Sigrid und Helmut, Bertha von Suttner – Arbeiten für den Frieden, in: Suttner, Die Waffen nieder!, s. d., S. 405–458.

Bourdieu, Pierre, Das literarische Feld, in: Streifzüge durch das literarische Feld. Texte von Pierre Bourdieu [u. a.], Konstanz 1997, S. 33–147.

Hamann, Brigitte, Bertha von Suttner. Ein Leben für den Frieden, 2. Aufl., Zürich, München 1996.

„Krieg ist der Mord auf Kommando". Bürgerliche und anarchistische Friedenskonzepte. Mit Dokumenten von Lev Tolstoj [u. a.], hrsg. von Beatrix Müller-Kampel, Nettersheim 2005.

Mühsam, Erich: Abrechnung, in: Mühsam, Ausgewählte Werke, Bd. 3, s. d., S. 66 f.

Mühsam, Erich, Ausgewählte Werke, Bd. 1: Gedichte. Prosa. Stücke. Bd. 2: Publizistik. Unpolitische Erinnerungen, hrsg. von Christlieb Hirte unter Mitarbeit von Roland Links und Dieter Schiller. Bd. 3: Streitschriften. Literarischer Nachlaß, hrsg. von Christlieb Hirte. Berlin 1978, 1985, 1984.

Mühsam, Erich, Bertha von Suttner. Ein Nachruf, in: Kain. Zeitschrift für Menschlichkeit 4 (1914), Nr. 4, S. 60 f. Auch in: „Krieg ist der Mord auf Kommando", s. d., S. 155.

Mühsam, Erich, Die Befreiung der Gesellschaft vom Staat. Was ist kommunistischer Anarchismus?, in: E. M.: Gesamtausgabe, hrsg. von Günther Emig, Bd. 4: Prosaschriften II, hrsg. und mit Anmerkungen von G.E., Berlin 1978, S. 251–298. Auch auf: https://de.wikisource.org/wiki/Die_Befreiung_der_Gesellschaft_vom_Staat [2019-01-02].

Mühsam, Erich, Heldentaten, in: Mühsam, Ausgewählte Werke, Bd. 2, s. d., S. 87 f.

Mühsam, Erich, Das große Morden, in: Mühsam, Ausgewählte Werke, Bd. 2, s. d., S. 167–173. Auch auf: https://www.anarchismus.at/anarchistische-klassiker/erich-muehsam/158-erich-muehsam-das-grosse-morden [2019-01-02].

Mühsam, Erich, Im Geiste Bakunins, in: Kain. Zeitschrift für Menschlichkeit 4 (1914), Nr. 3. Digitalisiert von der Anarchistischen Bibliothek und Archiv

Wien, auf: https://www.anarchismus.at/anarchistische-klassiker/erich-muehsam/ 6386-erich-muehsam-im-geiste-bakunins [2018-12-30].

Mühsam, Erich, Lob der Tat, auf: https://de.wikisource.org/wiki/Lob_der_Tat [2018-12-30].

Mühsam, Erich, Der Revoluzzer. (Der deutschen Sozialdemokratie gewidmet.), auf: https://www.anarchismus.at/kulturbewegung/lyrik/6029-erich-muehsam-der-revoluzzer [2018-12-30].

Mühsam, Erich, Ruf aus der Not, in: Mühsam, Ausgewählte Werke, Bd. 1, s. d., S. 131–133. Auch auf: https://de.wikisource.org/wiki/Ruf_aus_der_Not [2019-01-02].

Mühsam, Erich, Tagebücher. Eine Online-Edition von Chris Hirte und Conrad Piens: http://www.muehsam-tagebuch.de/tb/index.php [2018-12-30].

Mühsam, Erich, Das Weltparlament, in: Kain. Zeitschrift für Menschlichkeit 2 (1912/13), Nr. 10 (Januar 1913), S. 145–153. Auch in: Mühsam, Ausgewählte Werke, Bd. 2, s. d., S. 120–127. Auch auf: http://www.literatur-1913.de/erich-muehsam/das-weltparlament.html [2019-01-02].

Müller, Reinhard, Anarchisten. Inmitten des Randes. Handbuch zur Geschichte des deutschsprachigen Anarchismus in Österreich 1887–1970 in Selbstdarstellungen (in Vorbereitung).

Müller, Reinhard, Hommage à Pierre Ramus, in: Hommage à la non-violence. Ein grosser freiheitlicher Erzieher: Pierre Ramus (1882–1942), Lausanne 2000, S. 13–17.

Müller-Kampel, Beatrix, Bertha von Suttner. Internationale Bibliographie der Sekundärliteratur, in: LiTheS. Zeitschrift für Literatur- und Theatersoziologie 10 (2017), Sonderband 4: Bertha von Suttner als Soziologin, hrsg. von Eveline Thalmann: http://lithes.uni-graz.at/lithes/17_sonderbd_4.html [2019-01-02].

Müller-Kampel, Beatrix, Bürgerliche und anarchistische Friedenskonzepte um 1900. Bertha von Suttner und Pierre Ramus, in: „Krieg ist der Mord auf Kommando", s. d., S. 7–95.

Ramus, Pierre [d. i. Rudolf Großmann], Der Antimilitarismus als Taktik des Anarchismus. Referat, gehalten auf dem Internationalen Amsterdamer Kongresse der „Internationalen Antimilitaristischen Assoziation" am 30. und 31. August 1907, in: „Krieg ist der Mord auf Kommando", s. d., S. 197–240.

Ramus, Pierre [d. i. Rudolf Großmann], Friedenskrieger des Hinterlandes. Der Schicksalsroman eines Anarchisten im Weltkriege, Mannheim 1924.

Ramus, Pierre [d. i. Rudolf Großmann], Die historische Entwicklung der Friedensidee und des Antimilitarismus, Gautzsch bei Leipzig 1908.

Steffahn, Harald: Bertha von Suttner, Reinbek bei Hamburg 1998.

Suttner, Bertha von, Die Barbarisierung der Luft, Berlin und Leipzig [1912].

Suttner, Bertha von, Briefe an einen Toten, 6. Aufl., Dresden 1905.

Suttner, Bertha von, Inventarium einer Seele, 4. Aufl., Dresden 1904.

Suttner, Bertha von, Der Kampf um die Vermeidung des Weltkriegs. Randglossen aus zwei Jahrzehnten zu den Zeitereignissen vor der Katastrophe. (1892–1900 und 1907–1914.), hrsg. von Alfred H[ermann] Fried, Bd. 1: Von der Caprivischen Heeresvermehrung bis zum Transvaalskrieg, Bd. 2: Von der zweiten Haager Konferenz bis zum Ausbruch des Weltkrieges, Zürich 1917.

Suttner, Bertha von: Vortrag vor dem Nobel-Comitee des Storthing zu Christiana am 18. April 1906, in: B. v. S., Memoiren, hrsg. von Lieselotte von Reinken, Bremen 1965, S. 515–520. Auch auf: https://www.nobelprize.org/prizes/peace/1905/suttner/26131-bertha-von-suttner-nobelvorlesung/ [2019-01-04].

Suttner, Bertha von, Die Waffen nieder! Eine Lebensgeschichte, hrsg. und mit einem Nachwort von Sigrid und Helmut Bock, Berlin 1990.

Zweig, Stefan, Berta von Suttner, in: „Krieg ist der Mord auf Kommando", s. d., S. 145–154.

Zweig, Stefan, Drei Dichter ihres Lebens. Casanova. Stendhal. Tolstoi, Frankfurt a. M. 1981.

Annika Wilmers

„Transnationalismus im Ersten Weltkrieg"

Der erste internationale Frauenfriedenskongress in Den Haag im Frühjahr 1915

> „What stands out most strongly among all my impressions of those thrilling and strained days at The Hague is the sense of the wonder of the beautiful spirit of the brave, self-controlled women who dared ridicule and every sort of difficulty to express a passionate human sympathy not inconsistent with patriotism, but transcending it."

> „Was am meisten herausragt unter all den Eindrücken während dieser aufregenden und anstrengenden Tage in Den Haag ist das Gefühl des Wunders des schönen Geistes der mutigen, besonnenen Frauen, die weder Spott noch Schwierigkeiten scheuten, um eine leidenschaftliche menschliche Sympathie zum Ausdruck zu bringen, die nicht unvereinbar mit Patriotismus ist, sondern über diesen hinaus geht."[1]

Mit diesen Worten fasste die spätere Friedensnobelpreisträgerin Emily Greene Balch ihre Eindrücke vom ersten internationalen Frauenfriedenskongress zusammen, an dem sie als Teilnehmerin der amerikanischen Delegation im Frühjahr 1915 teilgenommen hatte. Ähnlich euphorische Äußerungen finden sich auch bei anderen Mitstreiterinnen der Frauenfriedensbewegung, sowohl im Anschluss an den Kongress als auch in zahlreichen Rückblicken. „The days in The Hague were a rest after months of anguish – a rest amongst those who felt the same" („Die Tage in Den Haag waren eine Erholung – eine Erholung für alle diejenigen, die dasselbe fühlten"), brachte beispielsweise die deutsche Pazifistin Lida Gustava Heymann ihre Begeisterung von der Friedensinitiative zum Ausdruck.[2]

Was waren das für Ereignisse, die die Protagonistinnen der ersten Frauenfriedensbewegung in ihren Bann zogen, die zu deren Lebzeiten nicht mehr an Wirkkraft verlieren sollten und die schließlich vor 30–40 Jahren von Historikerinnen und Friedensforscherinnen wiederentdeckt wurden?[3] Während in den ersten For-

---

1 Emily Greene Balch: Journey and Impressions of the Congress, in: Jane Addams, Emily Greene Balch and Alice Hamilton, Women at The Hague: The International Congress of Women and its Results, New York: Macmillan, 1915, Neuausgabe von Harriet Hyman Alonso, Urbana und Chicago: University of Illinois Press, 2003, S. 9. Siehe zu Balch, die 1946 den Friedensnobelpreis verliehen bekam, Kristen E. Gwinn: Emily Greene Balch: The Long Road to Internationalism, Champaign: University of Illinois Press, 2010.
2 Lida Gustava Heymann: A German View of the Congress, in: Jus Suffragii, 9, 1. Juni 1915, S. 304.
3 Vgl. die Erwähnung des Kongresses in zahlreichen Memoiren wie Lida Gustava Heymann in Zusammenarbeit mit Anita Augspurg: Erlebtes – Erschautes. Deutsche Frauen kämpfen für Freiheit, Recht und Frieden 1850–1940, hrsg. v. Margrit Twellmann, Meisenheim am Glan: Hain, 1972.

schungsarbeiten häufig zunächst die spektakulären Ereignisse im Vordergrund standen, die eine große Friedensinitiative zur Kriegszeit mit sich brachte, ebenso wie die auf dem Frauenfriedenskongress formulierten weitreichenden Forderungen nach Frieden, Demokratisierung und Gleichberechtigung, differenzierte sich die Forschung zur internationalen Frauenbewegung in den folgenden Jahrzehnten aus. Die Organisationsstrukturen, Kommunikationswege und soziale Zusammensetzung der Bewegung, ebenso wie das Verständnis ihrer Mitglieder von Nationalismus und Internationalismus sowie die Interaktionen zwischen verschiedenen Verbänden und Bewegungen rückten nun in den Fokus.[4]

Im Folgenden soll zunächst die Organisationsstruktur der internationalen Frauenbewegung nachgezeichnet werden, bevor danach gefragt wird, wie sich im Ersten Weltkrieg eine internationale Frauenfriedensbewegung etablieren konnte. Nicht berücksichtigt wird dabei die sozialistische internationale Frauenbewegung, die sich ebenfalls mit dem Friedensthema beschäftigte, deren Mitglieder aber anders als die bürgerlichen Feministinnen parteigebunden waren.[5]

Die internationale Frauenbewegung und die Friedensbewegung vor 1914

Ab den 1880er Jahren hatten sich die Frauenbewegungen Westeuropas und Nordamerikas auch international eine Organisationstruktur gegeben.[6] Der 1888 während des Kongresses der „U. S. National Woman Suffrage Association" gegründete „International Council of Women" (ICW)[7] verstand sich als politisch und konfessionell neutraler weltweiter Dachverband der bürgerlichen Frauenbewegung. Mit Ausnahme von zwei kurzen Unterbrechungen stand die Schottin

---

Vgl. außerdem Gertrude Bussey u. Margaret Tims: Pioneers for Peace. Women's International League for Peace and Freedom 1915–1965, London: WILPF, British Section, 1980; Lela B. Costin: Feminism, Pacifism, Internationalism and the 1915 International Congress of Women, in: Women's Studies International Forum, 5, 3 u. 4, 1982, S. 301–315; Jo Vellacott: Feminist Consciousness and the First World War, in: History Workshop, 23, 1987, S. 81–101; Catherine Foster: Women for All Seasons. The Story of the Women's International League for Peace and Freedom, Athens: University of Georgia Press, 1989.

4 Vgl. Leila J. Rupp: Worlds of Women. The Making of an International Women's Movement, Princeton: Princeton University Press, 1997; Francisca de Haan u. a. (Hrsg.): Women's Activism. Global Perspectives from the 1890s to the Present, London u. New York: Routledge, 2012; Mineke Bosch mit Annemarie Kloosterman, Politics and Friendship. Letters from the International Woman Suffrage Alliance 1902–1942, Columbus: Ohio State University Press, 1990; Annika Wilmers u. a. (Hrsg.): Politische Netzwerkerinnen. Internationale Zusammenarbeit von Frauen 1830–1960, Berlin: Trafo Verlag, 2007 u. Annika Wilmers, Pazifismus in der internationalen Frauenbewegung 1914–1920. Handlungsspielräume, politische Konzeptionen und gesellschaftliche Auseinandersetzungen, Essen: Klartext Verlag, 2008.

5 Zu den Friedensaktivitäten der sozialistischen Frauen siehe den Beitrag von Marga Voigt in diesem Band sowie zum Verhältnis beider Bewegungen zur Kriegszeit Wilmers, Pazifismus, S. 244 ff.

6 Internationale Kontakte zwischen Feministinnen bestanden auch schon zuvor. Vgl. Bonnie S. Anderson: Joyous Greetings. The First International Women's Movement 1830–1860, Oxford u. New York: Oxford University Press, 2000 u. Wilmers u. a., Politische Netzwerkerinnen.

7 Deutsch: Internationaler Frauenweltbund. Im Folgenden wird die aus dem Englischen hergeleitete Abkürzung ICW verwendet.

Lady Ishbel Aberdeen dem ICW von 1893 bis 1936 vor.[8] Die zugehörigen Länderverbände mussten nach 1888 allerdings erst noch ins Leben gerufen werden. Für Deutschland war dies 1894 der Fall: Der „Bund deutscher Frauenvereine" (BDF) vertrat in der Folge die deutsche Frauenbewegung im ICW. Von 1910 bis 1919 führte Gertrud Bäumer den Vorsitz des BDF.[9]

Das Programm des ICW blieb aufgrund seiner Neutralität allgemein und politisch gemäßigt. Seine Bemühungen, möglichst die ganze Bandbreite der bürgerlichen Frauenbewegung zu präsentieren, schränkte dessen Handlungsfähigkeit ein und stieß bei politisch offensiveren Feministinnen zunehmend auf Kritik. Als Konsequenz hieraus kam es 1904 während des internationalen ICW-Kongresses in Berlin zur Gründung der „International Woman Suffrage Alliance" (IWSA)[10]. Anders als der ICW setzte sich dieser Verband explizit für das Frauenstimmrecht ein, befasste sich aber auch mit anderen drängenden Fragen der Frauenemanzipation, wie der Berufstätigkeit von Frauen und der Frage nach ihrer rechtlichen Stellung. Den Vorsitz führte von 1904 bis 1923 die Amerikanerin Carrie Chapman Catt. An der Gründung waren von deutscher Seite aus Anita Augspurg und Lida Gustava Heymann beteiligt gewesen.[11] Ebenso wie der ICW hielt auch die IWSA bis zum Ersten Weltkrieg regelmäßig internationale Kongresse an unterschiedlichen Standorten ab, wodurch nicht nur die politische Arbeit vorangebracht werden sollte, sondern wodurch sich die Frauen auch eine Signalwirkung auf die Frauenemanzipation im jeweiligen Gastland versprachen und gleichzeitig ihren inneren Zusammenhalt stärkten.

In der deutschen Frauenstimmrechtsbewegung bestand in den Jahren vor 1914 Uneinigkeit darüber, welche Art von Stimmrecht – demokratisch oder zensusgebunden und in Anlehnung an eine Forderung der Reform des Männerwahlrechts oder unabhängig hiervon – gefordert werden sollte. 1902 hatten Anita Augspurg und Lida Gustava Heymann in Hamburg den „Deutschen Verein für Frauenstimmrecht" gegründet, der 1904 in „Deutscher Verband für Frauenstimmrecht" umbenannt wurde und fortan die deutsche Vertretung im IWSA übernahm. 1911 spaltete sich hiervon die „Deutsche Vereinigung für Frauenstimmrecht" ab, die sich nicht zum demokratischen Wahlrecht bekannte. Da aber auch der Deutsche Verband für Frauenstimmrecht zunehmend von der Forderung nach einem all-

---

8 Siehe zum ICW auch Eliane Gubin u. Leen van Molle (Hrsg.): Des femmes qui changent le monde. Histoire du Conseil international des femmes 1888–1988, Brüssel: Racine Lannoo, 2005.
9 Vgl. zu den beiden prominenten BDF-Frauen Bäumer und Helene Lange Angelika Schaser: Helene Lange und Gertrud Bäumer. Eine politische Lebensgemeinschaft, Köln u. a.: Böhlau Verlag, 2000.
10 Deutsch: Weltbund für Frauenstimmrecht. 1926 nannte sich der Verband in „International Alliance of Women for Suffrage and Equal Citizenship" um. Im Folgenden wird die aus dem Englischen hergeleitete Abkürzung IWSA verwendet.
11 Siehe zu beiden Frauen Christiane Himmelsbach: „Verlaß ist nur auf unsere eigene Kraft!" Lida Gustava Heymann – eine Kämpferin für Frauenrechte, Oldenburg: Universität Oldenburg 1996 u. Susanne Kinnebrock: Anita Augspurg (1857–1943). Feministin und Pazifistin zwischen Journalismus und Politik. Eine kommunikationshistorische Biographie, Herbolzheim: Centaurus Verlag, 2005.

gemeinen demokratischen Frauenstimmrecht abrückte, kam es 1913 zu einer weiteren Abspaltung. Anita Augspurg und Lida Gustava Heymann verließen den Verband und riefen den „Deutschen Bund für Frauenstimmrecht" ins Leben, der sich für das demokratische Stimmrecht aussprach und ebenfalls der IWSA angeschlossen war. Die Uneinigkeit in der Frauenstimmrechtsfrage wird in der Forschung als einer derjenigen Faktoren betrachtet, der zu einer Schwächung des radikalen Flügels der deutschen Frauenbewegung nach 1908 führte.[12] Viele Mitglieder der IWSA standen der Friedensfrage grundsätzlich aufgeschlossen gegenüber, aber vor 1914 fiel die Friedensfrage hinter dem eigentlichen Schwerpunkt Frauenstimmrecht und anderen „brennenden" Fragen der Zeit wie Frauenarbeit, Doppelmoral und Prostitution, die rechtliche Stellung der Frau oder die Nationalitätenfrage von verheirateten Frauen zurück.[13] Der Vorrang, den der Kampf um das Frauenwahlrecht erhielt, hing zudem auch damit zusammen, dass die Frauen das Frauenstimmrecht als ein notwendiges Mittel verstanden, um in anderen Bereichen politisch Einfluss nehmen zu können.[14]

Einige Frauen, die sich für eine friedliche Weltordnung einsetzen wollten, engagierten sich außerhalb der Frauenbewegung in der Friedensbewegung. Im Vergleich zu Frankreich, England oder den USA hatte sich die Friedensbewegung in Deutschland erst relativ spät eine organisatorische Struktur gegeben. 1893 konstituierte sich unter Einfluss der Österreicherin Bertha von Suttner die „Deutsche Friedensgesellschaft" (DFG).[15] Am Gründungsakt im Dezember 1892 waren zwei Frauen aus der radikalen Frauenbewegung vertreten: Marie Mellien und Lina Morgenstern. Im März 1893 wurden Marie Mellien und Marie Fischer-Lette in den Vorstand berufen, wenig später folgte Lina Morgenstern. In den Folgejahren arbeiteten Frauen auf regionaler, nationaler und internationaler Ebene der Friedensbewegung mit.[16] Im Mai 1914 gründete die DFG als Folge einer Ausdifferenzierung der Friedensarbeit einen Frauenbund, um den Pazifistinnen innerhalb des Verbandes ein eigenes Betätigungsfeld zu geben sowie in der weiblichen Bevölkerung effektiver für die Friedensidee zu werben. Der

---

12 Vgl. Anne-Laure Briatte-Peters: Citoyennes sous tutelle. Le movement féministe „radical" dans l'Allemagne wilhelmienne, Bern u. a.: Peter Lang, 2013, S. 335–344.
13 So erklärte beispielsweise auch die stellvertretende Vorsitzende des späteren Frauenfriedenskongresses Aletta Jacobs rückblickend, vor 1914 das Friedensthema nicht für das dringlichste Problem gehalten zu haben. Aletta Jacobs, Memories. My Life as an International Leader in Health, Suffrage, and Peace, hrsg. v. Harriet Feinberg, New York: The Feminist Press at CUNY, 1996, S. 79.
14 Vgl. zur Geschichte des Frauenwahlrechts die im Jubiläumsjahr 2018 erschienene Literatur: Kerstin Wolff: Unsere Stimme zählt. Die Geschichte des deutschen Frauenwahlrechts, Überlingen: Bast Medien, 2018; Hedwig Richter u. Kerstin Wolff (Hrsg.): Frauenwahlrecht. Demokratisierung der Demokratie in Deutschland und Europa, Hamburg: Hamburger Edition, 2018 u. Gisela Bock: 100 Jahre Frauenwahlrecht. Deutschland in transnationaler Perspektive, in: Zeitschrift für Geschichtswissenschaft, 66, 5, 2018, S. 395–412.
15 Vgl. zur Friedensbewegung in Deutschland Karl Holl: Pazifismus in Deutschland, Frankfurt am Main: Suhrkamp, 1988.
16 Siehe zur Mitarbeit von Frauen in der DFG Heike Lischewski: Morgenröte einer besseren Zeit. Die Frauenfriedensbewegung von 1892 bis 1932, Münster: Agenda Münster, 1995, S. 30–31.

Kriegsbeginn wenige Monate später verhinderte indes die Ausgestaltung von Ortsgruppen des Frauenbundes.[17] Die Namen derjenigen Frauen, die sich im Frauenbund der DFG engagierten, finden sich häufig auch im radikalen Flügel der Frauenbewegung und im Kampf für das Frauenwahlrecht wieder. Umgekehrt wählten allerdings nicht alle Feministinnen, die grundsätzlich mit der Friedensidee sympathisierten, auch den Weg, in der mehrheitlich dennoch männlich geprägten Friedensgesellschaft mitzuarbeiten.

Eine erste grundsätzliche Auseinandersetzung über eine eigene Friedensarbeit in der Frauenbewegung hatte Ende der 1890er Jahre im Zuge des sogenannten Zarenmanifestes 1898, in dem Zar Nikolaus II. die Idee einer internationalen Abrüstungskonferenz vertrat, und der Einberufung der Haager Konferenz von 1899, stattgefunden. Beide Ereignisse bescherten der Friedensbewegung einen enormen Aufschwung.[18] Auch der ICW berief 1899 ein „International Standing Committee on Peace and International Arbitration" ein. Allerdings blieb dies eine kontrovers diskutierte Maßnahme und führte nicht zu einer neuen Schwerpunktsetzung in der Friedensarbeit.[19]

Parallel hierzu versuchten einige deutsche Feministinnen, die Friedensarbeit im BDF als Aufgabenfeld zu verankern. Ein entsprechender Antrag wurde von Lina Morgenstern während der Generalversammlung des BDF im Oktober 1898 eingereicht und unter anderem von Margarethe Leonore Selenka unterstützt.[20] Selenka war eine treibende Kraft der Münchener Ortsgruppe der DFG und 1899 Initiatorin einer ebenfalls anlässlich der Haager Konferenz organisierten weltweiten Frauenmanifestation für den Frieden.[21] In der folgenden Diskussion im BDF konnte nur ein Minimalkonsens erreicht werden: Die Friedensfrage als solche wurde in das Programm des BDF aufgenommen. Dieser Schritt blieb zunächst ohne Konsequenzen, ermöglichte aber grundsätzlich die Beschäftigung mit Friedensthemen.[22] Fürsprecherinnen der Friedensidee waren nach der Jahrhundertwende aber eher Feministinnen, die sich außerhalb des BDF engagierten, wie Minna Cauer, Helene Stöcker, Anita Augspurg, Lida Gustava Heymann oder Margarethe Leonore Selenka.[23]

---

17 Ebd., S. 99–101.
18 Ebd., S. 41.
19 Siehe Rupp, Worlds of Women, S. 19.
20 Siehe zur Diskussion im BDF Lischewski, Morgenröte, S. 48–49.
21 Siehe auch Ute Kätzel: A Radical Women's Rights and Peace Activist. Margarethe Lenore Selenka, Initiator of the First Worldwide Women's Peace Demonstration in 1899, in: Journal of Women's History, 13, 3, 2001, S. 46–69.
22 Lischewski, Morgenröte, S. 49.
23 Siehe zu Stöcker Christl Wickert: Helene Stöcker 1869–1943. Frauenrechtlerin, Sexualreformerin und Pazifistin, Bonn: J.H.W. Dietz, 199; sowie Fußnote 11 u. zu Cauer Fußnote 32.

Der Kriegsbeginn im Sommer 1914

Der BDF ließ keinen Zweifel an seiner Kriegsunterstützung aufkommen, befürwortete die deutsche Politik und sah im August 1914 seine größte und zur Kriegszeit einzige Aufgabe darin, die Kriegsanstrengungen mitzutragen und alle Bestrebungen in den Kriegsdienst zu stellen. Die BDF-Vorsitzende Gertrud Bäumer und ihre Mitstreiterin Helene Lange waren auch vor Kriegsbeginn bereits vehemente Verfechterinnen eines Nationalismus, dem alle anderen Ziele untergeordnet wurden.[24] Gleich nach Kriegsbeginn gründete der BDF den „Nationalen Frauendienst" (NFD), der es sich zur Aufgabe machte, die Frauen für die Kriegsunterstützung zu mobilisieren und alle Hilfstätigkeiten der Frauen effektiv zu bündeln. Überall im Reich entstanden Ortsgruppen des NFD, die eng mit den jeweiligen Verwaltungen zusammenarbeiteten. Zum ersten Mal in der Geschichte der Frauenbewegung kam es zudem zu einer großangelegten und überregionalen Zusammenarbeit sowohl von BDF, Rotem Kreuz und vaterländischen Frauenorganisationen als auch von bürgerlichen und sozialistischen Frauenorganisationen. Die Tätigkeiten des NFD reichten von praktischen Arbeiten bis hin zu verwaltungsorganisatorischen Aufgaben. Gerade auf dem Gebiet der Sozialpolitik bot sich für die Frauenbewegung hier eine Gelegenheit, ihre in den letzten Jahrzehnten gewonnene Expertise auf diesem Gebiet einzubringen.[25] Ebenso beschloss auch der internationale Dachverband, der ICW, alle internationalen Aktivitäten während der Dauer des Krieges ruhen zu lassen.[26]

Auf der anderen Seite ist es weniger leicht, bei denjenigen, die dem Krieg ablehnend gegenüber standen, ein Stimmungsbild nachzuzeichnen. Mit Beginn des Kriegszustandes war auch die Zensur in Kraft getreten, die einen offenen Meinungsaustausch fortan unmöglich machte.[27] Die Schärfe der Zensur konnte im Verlauf des Krieges sowie regional variieren, von staatlicher Überwachung waren aber alle betroffen, die Kritik am Krieg äußern wollten. Zudem herrschte auch in den Teilen des radikalen Flügels der Frauenbewegung, denen man aufgrund ihrer Haltungen vor 1914 nach Kriegsbeginn am ehesten auch pazifistische Ziele zuschreiben würde, keinesfalls eine einheitliche Position vor. Vielmehr findet sich eine Bandbreite an Ansichten, denen vor allem gemein ist, dass der Krieg hier grundsätzlich als ein Rückschlag für die Zivilisation empfunden wurde.

---

24 Siehe Angelika Schaser: „Corpus mysticum". Die Nation bei Gertrud Bäumer, in: Frauen und Geschichte Baden-Württemberg (Hrsg.), Frauen und Nation, Tübingen: Silberburg-Verlag, 1996, S. 118–132.
25 Vgl. auch Sabine Hering: Die Kriegsgewinnlerinnen. Praxis und Ideologie der deutschen Frauenbewegung im Ersten Weltkrieg, Pfaffenweiler: Centaurus-Verlag, 1990.
26 Vgl. Alison S. Fell u. Ingrid Sharp (Hrsg.): The Women's Movement in Wartime. International Perspectives, 1914–1919, Hampshire und New York: Palgrave Macmillan, 2007.
27 Vgl. allgemein Fischer, Heinz-Dietrich (Hrsg.): Pressekonzentration und Zensurpraxis im Ersten Weltkrieg, Berlin: Spiess, 1973.

Entsprechend ist es für die ersten Kriegsproteste kennzeichnend, dass sie vor allem in Form von Appellen auftraten, die sich aus einer allgemeinen Verabscheuung des Krieges speisten.[28] Insgesamt stellten Friedensaufrufe im Kriegsklima der ersten Wochen zudem eine große Ausnahme dar. Bezeichnend für die schwierige Positionierung nach Kriegsbeginn ist die Auseinandersetzung, die im Deutschen Frauenstimmrechtsbund hierzu geführt wurde. In der Oktoberausgabe der Vereinszeitschrift erläuterte Lida Gustava Heymann:

> Verschiedene Frauenzeitungen haben die Ansicht vertreten, daß während des Krieges die in Friedenszeiten ausgeübte Tätigkeit der Frauenvereine einzustellen ist und alle Arbeit lediglich der Kriegshilfe zu dienen habe. Organisationen des Deutschen Frauenstimmrechtsbundes scheinen anderer Meinung zu huldigen, das beweisen mir zugegangene Äußerungen und Anfragen. [...] Es versteht sich von selbst, daß unsere Mitglieder auf allen Gebieten, wo ihre Hilfe während der Kriegsdauer notwendig ist, arbeiten, aber neben dieser Arbeit sollte m. E. die sonst ausgeübte Tätigkeit, so weit das in dieser Zeit notwendig ist, bald wieder aufgenommen werden. Hier gilt das Wort: das Eine tun und das Andere nicht lassen.[29]

Heymann ist zu diesem Zeitpunkt selbst eine überzeugte Kriegskritikerin. Umso mehr zeigt der Artikel, wie stark sie dennoch aus der Defensive heraus argumentieren muss: Eine Position, in die die Pazifistinnen durch ihre kritische Haltung nun zwangsläufig geraten waren. Des Weiteren regte Heymann Diskussionsabende in den Ortsgruppen zur Klärung der Rolle der Frau im Krieg an. Nach dem Krieg schilderte der deutsche Zweig des später im Krieg gegründeten Internationalen Frauenkomitees für dauernden Frieden[30] die Situation im Frauenstimmrechtsbund zu Kriegsbeginn als dramatisch: Zwar sei dies die einzige Organisation der Frauenbewegung gewesen, in der überhaupt kritisch über den Krieg gesprochen worden sei, dies habe aber auch hier zu zahlreichen Vereinsaustritten geführt, und manche Ortsgruppen seien nur noch durch soziale Tätigkeiten zusammengehalten worden.[31]

Ein weiteres Beispiel für politische Schwankungen nach Kriegsbeginn zeigt sich bei Minna Cauer, eine der Führungspersönlichkeiten des radikalen Flügels der Frauenbewegung und Herausgeberin der Zeitschrift „Die Frauenbewegung" und der „Zeitschrift für Frauenstimmrecht". In den Jahren vor 1914 hatte sie sich auch für die Friedensbewegung eingesetzt, mit Kriegsbeginn schlägt sie zunächst patriotische Töne an. Briatte-Peters zeichnet indes nach, dass ihre Haltung ab dem August 1914 gleichermaßen von Patriotismus als auch ihrer grund-

---

28 Siehe hierzu Internationale Frauenliga für Frieden und Freiheit/Deutscher Zweig: Völkerversöhnende Frauenarbeit während des Weltkrieges Juli 1914–November 1918, München, 1920, S. 14.
29 Heymann, Lida Gustava: in: Mitteilungen des Deutschen Frauenstimmrechtsbundes, Oktober 1914, 9, S. 1.
30 Siehe den nächsten Abschnitt zur Gründung dieser Organisation.
31 Internationale Frauenliga für Frieden und Freiheit/Deutscher Zweig, Völkerversöhnende Frauenarbeit, S. 14.

sätzlichen Ablehnung des Krieges geprägt gewesen ist.[32] Ab dem Winter 1914/15 gewinnt die Kriegskritik in dieser Gemengelage die Oberhand und Cauers Zeitschriften entwickeln sich 1915 zunehmend zu einem Forum für pazifistische und internationale Ideen – zumindest soweit die Zensur dies zuließ, denn die Blätter standen unter strenger Überwachung und schließlich auch unter Vorzensur.

Insgesamt lassen sich die ersten Kriegsmonate als eine Phase der Orientierung bezeichnen, die viele verschiedene Ausprägungen annehmen konnte. Nachdem sich die Ereignisse zunächst zu überschlagen schienen, setzte auf Seiten der Kriegsgegnerinnen zunehmend Unbehagen mit einer rein sozialen Hilfstätigkeit sowie eine Reflexion darüber ein, welche Art von politischer Tätigkeit sinnvoll erschien. Gleichzeitig erfolgte zumindest insofern eine Überwindung der gesellschaftlichen Isolation, als dass Kontakt zu Gleichgesinnten aufgenommen wurde. Zu diesem Zeitpunkt fing auch innerhalb der International Woman Suffrage Alliance eine Diskussion darüber an, ob Internationalismus und Friedensarbeit im Krieg möglich seien.

Organisation und Ablauf des ersten internationalen Frauenfriedenskongresses 1915

Die Diskussionen in der internationalen Frauenbewegung begannen, als sich der deutsche Verband für Frauenstimmrecht gezwungen sah, aufgrund der Kriegssituation den für Juni 1915 in Berlin geplanten internationalen IWSA-Kongress abzusagen.[33] Mehrere Mitglieder der IWSA zeigten sich mit dieser Situation unzufrieden und sprachen sich dafür aus, den Kongress statt in Berlin in einem neutralen Land abzuhalten. Die niederländische Sektion der IWSA mit Aletta Jacobs als Vorsitzende und Rosa Manus als Schriftführerin bot sich an, den Kongress in den Niederlande auszurichten.[34] Die Ländersektionen der IWSA konnten sich hierauf indes nicht einigen und es zeigte sich, dass ein offizieller IWSA-Kongress zur Kriegszeit nicht möglich war. Daraufhin forderten mehrere IWSA-Mitglieder, eine internationale Zusammenkunft unabhängig von der IWSA zu organisieren.

Anfang 1915 gelang es Aletta Jacobs, Rosa Manus und Mia Boissevain, zu diesem Zweck ein Vorbereitungstreffen zu organisieren, das am 12. und 13. Februar 1915 in Amsterdam stattfand. Unter den 27 Teilnehmerinnen waren insgesamt vierzehn Niederländerinnen, vier Belgierinnen, fünf Engländerinnen und vier

---

32 Briatte-Peters, Citoyennes, S. 367–369. Vgl. auch Marie-Elisabeth Lüders, Minna Cauer. Leben und Werk. Dargestellt an Hand ihrer Tagebücher und nachgelassener Schriften, Gotha: Leopold Klotz, 1925 und Tagebuch Minna Cauer, Kollektion Minna Cauer, Internationaal Instituut voor Sociale Geschiedenis, Amsterdam.
33 No Congress in 1915, in: Jus Suffragii, 3, 1. Dezember 1914, S. 200.
34 Aletta Jacobs u. Rosa Manus on behalf of the Dutch Committee for International Affairs of the VVK, in: Jus Suffragii, 9, 3, 1. Dezember 1914, S. 200.

Deutsche. Bei den deutschen Frauen handelte es sich um Anita Augspurg, Lida Gustava Heymann, Frida Perlen und Emmy von Schlumberger. Das Zusammentreffen von Belgierinnen und Deutschen erwies sich allerdings auch in diesem Kreis als konfliktvoll: Bei den Belgierinnen bestanden Vorbehalte, überhaupt mit deutschen Frauen zusammenzutreffen und mindestens drei der vier belgischen Frauen beteiligten sich später nicht mehr an dem Frauenfriedenskongress.[35]

Die Vorbereitungsgruppe entwarf einen Plan für den späteren internationalen Frauenfriedenskongress, einigte sich auf vorläufige Resolutionen sowie ein vorläufiges Programm und regelte die Teilnahmebedingungen. Hierzu zählte vor allem die Bereitschaft der Teilnehmerinnen, die Kriegsschuldfrage von den Debatten auszuschließen. Eine Vorgabe, die getroffen wurde, um entsprechende Konflikte zu vermeiden und die den Organisatorinnen deshalb als gerechtfertigt erschien, weil die politische Situation ihrer Ansicht nach kaum beurteilt werden könne. Kongressgegnerinnen diesseits und jenseits der Fronten, die den Krieg als einen Defensivkrieg einschätzten, kritisierten diese Vorgabe indes später stark.[36] Aufgrund der vorab getroffenen Entscheidungen erwies sich das Vorbereitungstreffen als wesentlich für die weitere Gestaltung und politische Ausrichtung des Kongresses. In den darauffolgenden Wochen unternahm das niederländische Kongresskomitee alle weiteren organisatorischen und logistischen Vorbereitungen. Als Vorsitzende des Kongresses konnte die Amerikanerin Jane Addams gewonnen werden, die aufgrund ihrer Tätigkeit als Sozialreformerin und als Gründerin der Hull House Siedlung in Chicago ein sehr hohes Ansehen in den europäischen Frauenbewegungen insgesamt besaß. Die spätere Friedensnobelpreisträgerin (1931) verurteilte den Krieg und war nach Kriegsbeginn an mehreren Friedensinitiativen in den USA beteiligt, unter anderem als Initiatorin der „Henry Street Meetings", in denen prominente Sozialreformer der USA über den Krieg diskutierten, und als Gründungsmitglied der „Woman's Peace Party", die im Januar 1915 unter Beteiligung von 3000 Frauen ins Leben gerufen worden war.[37]

Der internationale Frauenfriedenskongress fand schließlich vom 28. April bis zum 1. Mai 1915 in Den Haag unter der Beteiligung von über 1200 Frauen aus

---

35 Wilmers, Pazifismus, S. 41–42.
36 Vgl. ebd., S. 133–141.
37 Siehe hierzu David S. Patterson: The Search for Negotiated Peace. Women's Activism and Citizen Diplomacy in World War I, New York: Routledge, 2008, S. 27–29 u. 47. Zu Addams vgl. u. a. Bruna Bianchi: Discours de paix: Les interventions publiques et les écrits de Jane Addams contre la guerre (1915–1919), in: Sylvie Caucanas u.a. (Hrsg.): Paroles de paix en temps de guerre, Paris: Privat, 2006, S. 181–194; Anja Schüler: Frauenbewegung und soziale Reform. Jane Addams und Alice Salomon im transatlantischen Dialog 1889–1933, Stuttgart: Franz Steiner, 2004; Rita Braches-Chyrek: Jane Addams, Mary Richmond und Alice Salomon. Professionalisierung und Disziplinbildung Sozialer Arbeit, Berlin u. Toronto: Verlag Barbara Budrich, 2013 sowie Mary Jo Deegan: Jane Addams and the Men of the Chicago School, 1892–1918, New Brunswick u. a.: Transaction Publishers, 1990.

zwölf verschiedenen Ländern statt. Aus naheliegenden Gründen kamen die meisten Teilnehmerinnen – ungefähr 1000 – aus den Niederlanden selbst, daneben waren Frauen aus den USA, Kanada, Dänemark, Deutschland, Belgien, Großbritannien, Italien, Norwegen, Schweden, Österreich und Ungarn anwesend.[38] Tatsächlich erwies sich die Anreise für viele andere Frauen als sehr schwierig und verhinderte etliche weitere Teilnahmen. Aus Deutschland kamen 28 Frauen nach Den Haag, während einigen weiteren, so auch Frida Perlen, die Ausreise aus Deutschland verweigert wurde. Zur deutschen Delegation zählten unter anderem Anita Augspurg, Lida Gustava Heymann, die Bremerin Auguste Kirchhoff, Lili Jannasch und Elisabeth Rotten, Margarethe Lenore Selenka und Helene Stöcker.[39] Aus England wurde 180 Frauen die Anreise verweigert, so dass schließlich nur wenige Engländerinnen am Kongress teilnehmen konnten, und die 40-köpfige amerikanische Delegation wurde mehrere Tage auf hoher See an der Weiterfahrt gehindert, erreichte Den Haag aber schließlich noch rechtzeitig. Wer am Kongressort ankam, hatte entsprechend häufig eine mühselige und lange Reise hinter sich gebracht.

Besondere Aufmerksamkeit erregte die verspätete Ankunft derjenigen belgischen Kongressteilnehmerinnen, die nicht aus dem niederländischen Exil, sondern aus Belgien selbst anreisten. Sie waren zeitgenössischen Quellen zufolge vom deutschen Militär mit dem Auto zur Grenze gefahren worden und liefen dann zwei Stunden zu Fuß weiter, bevor sie auf der anderen Seite der Grenze einen Zug nach Den Haag nehmen konnten.[40] Die Tatsache, dass das deutsche Militär die Belgierinnen fuhr, während gleichzeitig nicht alle Frauen aus Deutschland ausreisen konnten, zeigt, wie uneinheitlich die Militärbehörden handelten. Daneben dürfte dieses Vorgehen neben der Möglichkeit, dass es dem deutschen Militär in diesem konkreten Fall vielleicht darum ging, Ansehen bei den Belgiern zu gewinnen, auch dadurch gesteuert gewesen sein, dass der Kongress in Belgien ebenso wie auch in Frankreich bei seinen Gegnern weitgehend als eine „prodeutsche" Veranstaltung aufgefasst wurde. Als „prodeutsch" galt er in diesen Ländern deshalb, weil nach dieser Logik Deutschland bei Friedensverhandlungen, die der Kongress schließlich forderte, aufgrund der derzeitigen militärischen Lage eine gute Ausgangsposition gehabt hätte und deshalb nur von denjenigen befürwortet werden könne, die außenpolitisch auf Deutschlands Seite standen.[41] Vorkommnisse wie die vielfach erschwerten Reisebedingungen verstärkten in jedem Fall den von den Zeitgenossen – Gegnern wie Befürwor-

---

38 Bericht – Rapport – Report: Internationaler Frauenkongress Haag vom 21. April – 1. Mai 1915, hrsg. v. Internationalen Frauenkomitee für Dauernden Frieden, Amsterdam 1915, S. 45 u. 243–271.
39 Siehe als weitere Biographien Henriette Wottrich: Auguste Kirchhoff. Eine Biographie, Bremen: Donat Verlag, 1990 u. Stibbe, Matthew: Elisabeth Rotten and the „Auskunfts- und Hilfsstelle für Deutsche im Ausland und Ausländer in Deutschland", 1914–1919, in: Fell u. a., The Women's Movement, S. 194–210.
40 Mary Chamberlain: Women at The Hague, in: The Survey, 10, 5. Juni 1915, S. 222.
41 Wilmers, Pazifismus, S. 138–139 u. 226.

tern – geteilten Eindruck, dass der Kongress, allein weil er als von Frauen initiierte Kriegskritik überhaupt zu Stande gekommen war, von Anfang an in einem spektakulären Licht erschien.[42]

Während des viertägigen Kongresses diskutierten die Teilnehmerinnen über Frieden und Frauenrechte. Wie bereits im Vorfeld beschlossen vermieden sie es, die aktuelle politische Situation zu analysieren, sondern verurteilten den Krieg grundsätzlich. Die Ergebnisse der Debatten schlugen sich in Resolutionen nieder, in denen die Teilnehmerinnen gleichermaßen politische Gleichberechtigung – allen voran das Frauenstimmrecht – und die Verankerung von Demokratie in der Politik forderten. Beides, Gleichberechtigung und Demokratie, wurden als notwendige Voraussetzung für eine zukünftige friedliche Weltordnung gesehen. Die Forderung von Frauenrechten war zwar ungewöhnlich für einen „klassischen" Friedenskongress, erklärt sich aber sowohl aus dem Selbstverständnis als Frauenfriedenskongress, der sich eben nicht als eine Fortsetzung der Vorkriegsfriedenskongresse verstand, als auch aus der Annahme, dass eine zukünftige Friedenswahrung nur möglich sei, wenn Frauen politisch Einfluss nehmen können.

Die Teilnehmerinnen waren ganz überwiegend davon überzeugt, als Frauen ein anderes Verhältnis zum Krieg zu haben als Männer, das sie in dem Leid der Mütter in Angesicht der vielen menschlichen Opfer des Krieges begründet sahen. Hieraus leiteten die Kongressteilnehmerinnen auch das Recht ab, einen eigenen Standpunkt zum Krieg aufzustellen. Die meisten Kongressteilnehmerinnen gingen dabei davon aus, dass Frauen grundsätzlich friedfertiger seien als Männer. Helene Stöcker hatte beim Frauenfriedenskongress indes den Einwand hervorgebracht, dass das Frauenstimmrecht allein nicht vor zukünftigen Kriegen schützen werde, und war hierin von Elisabeth Rotten und der Engländerin Amy Lillingstone unterstützt worden. Das Podium folgte dieser Ansicht indes nicht und brach die Diskussion hierüber ab.[43]

Die Frage, ob mit der männlich dominierten Friedensbewegung zusammengearbeitet werden sollte, war während des Kongresses ebenfalls umstritten. Die Pazifistinnen des Frauenkomitees verstanden sich als unabhängig von der etablierten Friedensbewegung, die sie für ihre gemäßigtere Position kritisierten. Die Deutsche Friedensgesellschaft hatte es ihrem eigenen Frauenbund untersagt, als solcher am Frauenfriedenskongress teilzunehmen, woraufhin sich einige seiner Mitglieder nur als Einzelpersonen zum Kongress anmeldeten. In der Folge verlor der Frauenbund der DFG nach dem Kongress und der dortigen Gründung eines neuen Frauenkomitees gegenüber dieser neuen politisch radikaleren Orga-

---

42 Siehe als Quellen über den Kongress Internationales Frauenkomitee, Bericht – Rapport – Report u. Addams, Balch u. Hamilton, Women at the Hague.
43 Siehe Internationales Frauenkomitee, Bericht – Rapport – Report, S. 129.

nisation als Sammelbecken weiblicher Friedensaktivitäten an Bedeutung.[44] Einige der Kongressteilnehmerinnen bevorzugten allerdings auch die Zusammenarbeit mit Männern in nach Kriegsbeginn neu gegründeten, politisch radikaleren Friedensorganisationen. Beispielsweise engagierten sich Elisabeth Rotten, Lilli Jannasch und Helene Stöcker seit dessen Gründung im November 1914 im „Bund Neues Vaterland", und Rotten und Jannasch waren als Vertreterinnen dieser Organisation nach Den Haag gefahren.

Auch sonst verliefen einige Diskussionen während des Kongresses durchaus sehr hitzig – ein Umstand, den die Teilnehmerinnen selbst aber nicht thematisierten. Dies zeigt sich zum Beispiel am Auftreten der verspätet eingetroffenen vier Belgierinnen. Da die vier belgischen Frauen noch nicht anwesend gewesen waren, als aus jedem Land Vertreterinnen für das Podium bestimmt wurden, forderte Anita Augspurg die Versammlung auf, dies nachzuholen und die ganze Delegation auf die Tribüne einzuladen. Dieser Vorschlag erhielt sehr viel Beifall, gerade weil er von einer Deutschen kam. Allerdings lässt das Verhalten der Belgierinnen vermuten, dass sie selbst hiermit möglicherweise weniger einverstanden waren. Später ergriff eine von ihnen das Wort, um gegen einen sofortigen Friedensschluss zu protestieren, so lange Belgien nicht befreit sei. Die Teilnehmerinnen einigten sich dann darauf, einen „gerechten" Friedensschluss zu fordern, aber den Belgierinnen reichte dieser Wortlaut noch nicht; sie wollten vor allem auf die politische Situation Belgiens aufmerksam machen.[45] Tatsächlich gingen die Meinungen und Wahrnehmungen hier sehr weit auseinander, ohne dass den übrigen Teilnehmerinnen dies überhaupt bewusst war. An dieser Episode zeigt sich die Vielschichtigkeit von einem Internationalismus, der nach Leila Rupp auch in der internationalen Frauenbewegung dann am besten funktioniert hat, wenn die eigene nationale Identität nicht in Frage stand.[46]

Als demokratische Maßnahmen forderten die Frauen neben dem Frauenstimmrecht das Selbstbestimmungsrecht für alle Völker, parlamentarische Demokratien, die Einrichtung internationaler Streitschlichtungsinstanzen, eine demokratische Kontrolle der Außenpolitik, Abrüstung, Freihandel und eine Erziehung der Jugend im pazifistischen Sinne.[47] Zur Beendigung des Krieges forderten die Frauen die Einberufung einer Vermittlungskonferenz durch politisch neutrale Staaten. Dieser Vorschlag basierte auf der Theorie der „continuous mediation" der amerikanischen Kongressteilnehmerin Julia Grace Wales. Vermittlung wurde hier als ein fortlaufender Prozess gesehen, in dessen Rahmen sich neutrale und kriegführende Staaten auf eine zukünftige friedliche politische Ordnung einigen sollten. Demnach lag ein Schwerpunkt auf dem Diskussionsprozess selbst, der als notwendige Voraussetzung für einen anhaltenden Frieden verstanden

---

44 S. Lischewski, Morgenröte, S. 126–127. S. u. zur Gründung des Internationalen Frauenkomitees.
45 Siehe Internationales Frauenkomitee, Bericht – Rapport – Report, S. 119 f. u. 135 f.
46 Rupp, Worlds of Women, S. 117 u. 120 f.
47 Internationales Frauenkomitee, Bericht – Rapport – Report, S. 35–41.

wurde. Die Idee eines Vermittlungsfriedens stand in scharfem Gegensatz zu einem „Siegfrieden", mit dem die Kriegsparteien den jeweils gegnerischen Ländern ihre Auffassung einer zukünftigen Weltordnung aufzwingen wollten und der nach Ansicht der Kongressteilnehmerinnen keinen dauerhaften Frieden bringen könne.[48]

Mit den Vorstellungen sowohl zum hohen Stellenwert eines Vermittlungsprozesses als auch zum hohen Stellenwert der Demokratie steht der Frauenfriedenskongress rückblickend in einer Reihe mit weiteren von Frauen und Männern initiierten Friedensaktivitäten. Julia Grace Wales' Konzept der „Continuous mediation", das sie im Dezember 1914 entworfen hatte, war Anfang 1915 von der Wisconsin Peace Society publiziert worden und wurde auch von der Woman's Peace Party vertreten.[49] Nach dem Haager Kongress stellte von Ende 1915 bis Anfang 1917 die von Henry Ford unterstützte „Neutral Conference for Continuous Mediation" in Stockholm einen weiteren Versuch von Pazifisten und Pazifistinnen dar, durch fortwährende Vermittlung einen dauerhaften Frieden zu erreichen. Neben der Ungarin Rosika Schwimmer[50], die bei Ford für die Idee der Konferenz geworben hatte, waren auch weitere Teilnehmerinnen des Frauenfriedenskongresses aus Amerika und Skandinavien an dieser Friedensaktivität beteiligt. Schließlich sahen die Pazifistinnen nach dem Ersten Weltkrieg ihre Kongressresolutionen als einen Vorläufer des 14-Punkte-Programms von Präsident Woodrow Wilson, das dieser am 8. Januar 1918 dem amerikanischen Kongress vorgelegt hatte.[51] Diese Aktivitäten passen zu Niedharts Beobachtung, der während des Ersten Weltkriegs innerhalb der Friedensbewegung eine Schwerpunktverlagerung weg von eher liberal geprägten Friedensmodellen hin zu demokratisch ausgerichteten Friedenskonzepten beobachtet und konstatiert, dass England in diesem Zusammenhang seine Vorreiterrolle im internationalen Friedensdiskurs an die USA abgetreten habe.[52]

Bezeichnend für den Frauenfriedenskongress blieb dessen politisch-feministisch radikales Auftreten auf europäischem Festland, womit die Frauen gleichzeitig einen Gegenpol zur traditionellen Politik bildeten und sich Zugang zur Politik verschafften. Am letzten Kongresstag hatte Rosika Schwimmer den Vorschlag eingebracht, die Kongressresolutionen und das Konzept zur Einberufung einer

---

48 Vgl. Julia Grace Wales: International Plan for Continuous Mediation without Armistice, in: Addams, Balch u. Hamilton, Women at the Hague, S. 167–171.
49 Patterson, Search for Negociated Peace, S. 48–49.
50 Schwimmer war nach Kriegsbeginn von England, wo sie für die IWSA gearbeitet hatte, in die USA gereist, um dort für die Friedensidee zu werben. Siehe ebd., S. 34–40. Zu Schwimmer siehe Zimmermann, Susan: Die bessere Hälfte? Frauenbewegungen und Frauenbestrebungen im Ungarn der Habsburgermonarchie 1848 bis 1918, Wien u. a.: Promedia-Verlag, 1999.
51 Siehe z. B. Heymann mit Augspurg, Erlebtes, S. 134.
52 Gottfried Niedhart: Liberal and Democratic Peace as a Concept in 19th and 20th Century International Relations, in: Jost Düffler u. Robert Frank (Hrsg.), Peace, War and Gender from Antiquity to the Present. Cross-Cultural Perspectives, Essen: Klartext-Verlag, 2009, S. 81–95, S. 89–90.

Vermittlungskonferenz den europäischen Regierungen und Präsident Wilson persönlich zu überreichen. Diese Idee wurde zunächst kontrovers diskutiert, schließlich aber angenommen.[53] Folglich bestimmte der Kongress zwei Delegationen, die überwiegend aus Frauen neutraler Staaten bestanden. Die erste wurde von Jane Addams und Aletta Jacobs geleitet und von Alice Hamilton, der Niederländerin Mien van Wulfften Palthe-Broese van Groenou und bis zum Kriegseintritt Italiens am 23. Mai 1915 ebenso von der Italienerin Rosa Genoni begleitet. Die zweite Delegation bestand aus Emily Greene Balch, Rosika Schwimmer, Julia Grace Wales, der Niederländerin Cor Ramondt-Hirschmann und der Engländerin Chrystal Macmillan.

Addams' Delegation begann ihre Reise am 7. Mai 1915 mit Gesprächen in Den Haag und besuchte anschließend London, Berlin, Wien, Budapest, Bern, Rom, den Vatikan, Paris und abschließend Mitte Juni den Sitz der belgischen Exilregierung in Le Havre. Die zweite Delegation fuhr Ende Mai zunächst nach Kopenhagen und reiste dann weiter nach Christiania, Stockholm und Petrograd, besuchte auf der Rückreise wiederum Stockholm und Christiania und kehrte Anfang Juli 1915 nach Den Haag zurück.[54] Trotz der schwierigen politischen Lage, der umständlichen Reisebedingungen und häufig langer Wartezeiten gelang es den Frauen in jedem Land mit Regierungsvertretern, meistens den Außen- und Premierministern, zu sprechen. Nach diesen ersten beiden Rundreisen setzten einige Frauen ihre Gespräche bei europäischen Regierungen fort, während zuerst Addams und dann auch Jacobs in die USA reisten und sich dort darauf konzentrierten, Wilson für die Vermittlungsidee zu gewinnen. Wilson hatte bereits mit Addams und Balch gesprochen und war schließlich auch einverstanden, Jacobs zu empfangen, war aber zu keinem politischen Zugeständnis an die Frauen bereit.[55]

Die Kongressteilnehmerinnen beschlossen, es nicht bei ihrer einmaligen Zusammenkunft zu belassen, sondern gründeten in Den Haag das „Internationale Frauenkomitee für dauernden Frieden" („International Comittee of Women for Permanent Peace", ICWPP, 1919 umbenannt in Internationale Frauenliga für Frieden und Freiheit, bzw. Women's International League for Peace and Freedom", WILPF). Der Vorstand bestand aus Jane Addams, die den Vorsitz führte, Aletta Jacobs als stellvertretene Vorsitzende, Chrystal Macmillan als erste und

---

53 Internationales Frauenkomitee, Bericht – Rapport – Report, S. 169–176. Skepsis zeigten z. B. Addams, Balch und Hamilton. Vgl. Addams, Jane: The Revolt against War, in: The Survey, 34, 17. Juli 1915, S. 355–359, S. 355; Alice Hamilton: Exploring the Dangerous Trades, Boston: Little, Brown, and Company, 1943, S. 167 u. Mercedes Randall: Improper Bostonian. Emily Greene Balch, New York: Twayne Publishers, 1964, S. 167.
54 Siehe hierzu auch Addams, Balch u. Hamilton: Women at the Hague, S. 12–26 u. 47–52 sowie Wilmers, Pazifismus, S. 51–65.
55 S. Patterson, Search for Negotiated Peace; S. 131–35. Siehe auch Bosch u. Kloosterman, Politics and Friendship, S. 140–141 sowie Mineke Bosch: Aletta Jacobs 1854–1929. Een onwrikbaar geloof in rechtvaardigheid, Amsterdam: Balans, 2005, S. 558–564.

Rosa Manus als zweite Schriftführerin und späterer Schatzmeisterin. In den darauffolgenden Monaten wurde der Vorstand durch Vertreterinnen der jeweiligen Ländersektionen erweitert. Da sich die Organisation auf der internationalen Ebene gegründet hatte, entstanden die Nationalsektionen erst im weiteren Verlauf des Jahres 1915. Laut dem Kongressbericht des Nachkriegskongresses des Internationalen Frauenkomitees 1919 in Zürich entstanden während des Ersten Weltkriegs 16 Ländersektionen in Europa, Nordamerika und Australien.[56] Das Büro des Frauenkomitees wurde in Amsterdam eingerichtet und während der gesamten Kriegszeit von Aletta Jacobs und Rosa Manus geleitet.

Reaktionen aus der Frauenbewegung auf die Frauenfriedensinitiative

In Deutschland wurden die Pazifistinnen für ihr Friedensengagement in der Öffentlichkeit stark kritisiert; allen voran von der bürgerlichen Frauenbewegung selbst: Der Bund Deutscher Frauenvereine und der Deutsche Verband für Frauenstimmrecht verurteilten die Friedensinitiative scharf. Der BDF betrachtete die Initiative vor allem als Burgfriedensbruch innerhalb der deutschen Gesellschaft; feministische Forderungen galten aus dieser Perspektive als „Sonderwünsche"[57], die zu dieser Zeit zweitrangig waren. Die Taktik des BDF bestand dabei darin, die Friedensinitiative möglichst totzuschweigen. Erst als sich im Vorfeld des Kongresses abzeichnete, dass das internationale Zusammentreffen doch eine gewisse mediale Aufmerksamkeit erreichte, veröffentlichte der BDF ein Manifest, in dem er sich von dem Kongress distanzierte und ihn als eine vereinzelte und private Initiative darstellte, die mit dem BDF und der Frauenbewegung insgesamt nicht in Verbindung gebracht werden dürfe:

> Wir würden es für überflüssig gehalten haben, unsererseits über ein Unternehmen ein Wort zu verlieren, das derartig das Augenmaß für die gegenwärtigen Verhältnisse vermissen läßt, und dessen deutsche Vertreterinnen ohne Auftrag von irgendeiner Organisation der deutschen Frauenbewegung, rein als Privatpersonen, gehandelt haben. Daß es für jede ernst zu nehmende Frauenorganisation in Deutschland vollständig ausgeschlossen ist, sich an diesem Kongress zu beteiligen, ist selbstverständlich.[58]

Dabei trat der BDF stark autoritär und maßregelnd auf: In der Gesamtvorstandssitzung des BDF vom 14. und 15. April beschloss der Vorstand, Teilnehmerinnen des Kongresses von Führungspositionen im BDF auszuschließen. Diese Maßnahme zielte zum Beispiel auf BDF-Mitglieder wie Anna Edinger aus Frankfurt und Marie Wegner aus Schlesien ab, die mit der Friedensinitiative

---

56 Women's International League for Peace and Freedom (Hrsg.): Report of the International Congress of Women, Zurich, May 12–17, 1919, Genf, o. D., S. 401–437.
57 Gertrud Bäumer: Zum internationalen Frauenkongreß im Haag, in: Deutsche Tageszeitung, 216, 29. April 1915.
58 Gertrud Bäumer für den Vorstand des BDF: Zu dem Plan eines internationalen Frauenkongresses, in: Die Frauenfrage, 24, 16. März 1915, S. 188.

sympathisierten.[59] Kurz vor Beginn des Frauenfriedenskongresses gab der BDF noch eine zweite Presseerklärung heraus, in der die internationale Zusammenkunft erneut scharf verurteilt wurde.[60] Im Spätsommer 1915 bezog Bäumer in der Presse des BDFs zum ersten Mal ausführlich Stellung zum Kongress, um, wie sie darstellt, „Entstellungsversuchen"[61] aus dem In- und Ausland entgegenzutreten. In dieser Stellungnahme werden die Pazifistinnen beschuldigt, den Konflikt in die Öffentlichkeit getragen zu haben. Gleichzeitig wird der Frauenfriedenskongress aufgrund seiner inhaltlichen Ausrichtung massiv kritisiert. Für die Pazifistinnen ist zu diesem Zeitpunkt eine Entgegnung aufgrund der Zensur kaum möglich. Unterstützung erhielten sie aber zum Beispiel von Minna Cauer, die zwar selbst nicht zum Kongress gefahren war, aber sich nun für die Pazifistinnen einsetzte und der deutschen Ländersektion des Internationalen Frauenkomitees für Frieden und Freiheit beitrat. In ihrer eigenen Zeitschrift konnte sie zu diesem Zeitpunkt nicht über den Kongress berichten, aber es gelang ihr, eine Entgegnung auf den BDF in der pazifistischen Zeitschrift „Die Friedens-Warte" unterzubringen, die seit März 1915 aufgrund der Zensurbedingungen nicht mehr in Deutschland, sondern in der Schweiz erschien.[62]

Insgesamt zeigt sich ein gänzlich unversöhnlicher Konflikt zwischen den Kongressteilnehmerinnen und dem BDF. Die Auseinandersetzungen in der deutschen Frauenbewegung gingen dabei sehr viel weiter als in einigen anderen Ländern, wie beispielsweise Österreich. Dies liegt zum einen an dem kompromisslosen Auftreten vor allem Gertrud Bäumers, aber auch daran, dass die deutsche Frauenbewegung bereits vor dem Krieg schon stark gespalten war.[63] Nach Kriegsbeginn war die Kontroverse um den Haager Frauenfriedenskongress der erste politische Konflikt, der innerhalb der Frauenbewegung ausgetragen wurde. Insgesamt blieb es zwar eine sehr kleine Minderheit, die gegen den Kriegskurs des BDF protestierte; im internationalen Vergleich war die deutsche Beteiligung am Haager Frauenkongress allerdings relativ hoch und einige deutsche Teilnehmerinnen nahmen dort eine sehr aktive Rolle ein, was ebenfalls zu einer Verschärfung des Konflikts geführt haben dürfte.

Der „Deutsche Verband für Frauenstimmrecht" vertrat mit seiner Vorsitzenden Marie Stritt die gleiche Position wie Gertrud Bäumer, äußerte dies in der Öffentlichkeit aber weniger deutlich. Zweimal bezog der Verband in seiner Zeitschrift gegen den Kongress Stellung, wollte aber wie der BDF ebenfalls keine

---

59 Gertrud Bäumer u. Alice Bensheimer an die Verbände und Vereine des Bundes Deutscher Frauenvereine, 23. April 1915, 2408, B Rep. 235, Helene Lange Archiv, Berlin.
60 Gertrud Bäumer für den BDF: Zum internationalen Frauenkongreß im Haag, in: Deutsche Tageszeitung, 29. April 1915.
61 Gertrud Bäumer an den engeren Vorstand, 17. Aug. 1915, 2331, B Rep. 235, Helene Lange Archiv, Berlin.
62 Minna Cauer: Burgfriede. Offener Brief an Gertrud Bäumer, in: Die Friedens-Warte, 9, Nov.–Dez. 1915, S. 329–331.
63 Vgl. zu den Debatten in anderen europäischen Ländern Wilmers, Pazifismus, S. 105 ff.

Grundsatzdiskussion.[64] In der Vereinszeitschrift finden sich Hinweise, dass nicht alle Mitglieder die Position des Vorstandes teilten und es auch Sympathien für den Kongress gab sowie entsprechend „lebhafte" Diskussionen über den richtigen Umgang mit der Friedensinitiative. Im Gegensatz zum BDF, bei dem es nur wenige personelle Überschneidungen gab, kamen die Pazifistinnen schließlich aus der Stimmrechtsbewegung.

Nach Kriegsbeginn hatte die durch die Spaltung der deutschen Frauenstimmrechtsbewegung hervorgerufene doppelte Vertretung der deutschen Verbände im IWSA auch zu widersprüchlichen Stellungnahmen aus der deutschen Frauenstimmrechtsbewegung geführt. Eine Analyse der zu diesem Zeitpunkt in England herausgegebenen internationalen IWSA-Zeitschrift „Jus Suffragii" und der Korrespondenz der IWSA im ersten Kriegsjahr zeigt, dass die Friedensinitiative zunächst noch als eine Initiative aus den eigenen Reihen und damit auch als eine interne Angelegenheit betrachtet wurde. Im Laufe des Jahres 1915 kam es aber immer stärker zu einer Ablösung des neuen pazifistischen Flügels und dieser etablierte sich als eigenständiger Verband. Bereits Ende 1915 lässt sich keine gemeinsame Identifikation zwischen den Organisationen mehr feststellen und die IWSA berichtet fortan auch kaum noch über pazifistische Aktivitäten des Frauenkomitees.

Welcher Argumentationsmuster bedienten sich die Vertreterinnen der Frauenbewegungen, die für oder gegen die Frauenfriedensinitiative zur Kriegszeit argumentierten? Beiden Seiten war die Überzeugung gemeinsam, als Frauen grundsätzlich ein anderes Verhältnis zum Krieg zu haben als Männer. So wurde immer wieder betont, Frauen hätten im Krieg besonders zu leiden, was einherging mit einer Identifikation mit einer Mutterrolle.[65] Die Pazifistinnen benutzten einen solchen Rückgriff auf allgemein akzeptierte Bilder (Mutterrolle der Frauen) und verbanden dies wiederum mit ihren politischen Forderungen. Häufig sparten sie dabei zwar eine präzise Kriegskritik aus, stellten dieses traditionelle und gesellschaftlich breit akzeptierte Frauenbild der fürsorglichen und trauernden Mutter aber sehr geschickt in eine Linie mit ihren weitreichenden demokratischen Forderungen, wie das folgende Beispiel verdeutlicht:

> With mourning hearts we stand united here. We grieve for many brave young men who have lost their lives on the battlefield before attaining their full manhood; we mourn with the poor mothers bereft of their sons, with the thousands of young widows and fatherless children, and we feel that we can no longer endure in this

---

64 Die Staatsbürgerin, 12, März 1915, S. 175 u. Die Staatsbürgerin, 1, April 1915, S. 14 f.
65 Vgl. z. B. auch: Helene Lange: Frauen und Frieden, in: Die Frau, 22, 2. November 1914, S. 65–67, S. 66. u. Lida Gustava Heymann: Eine Frage. Frauen Europas, wann erschallt euer Ruf?, in: Die Frauenbewegung, 4, 15. Februar 1915, S. 14.

twentieth century of civilization that governments should tolerate brute force as the only solution of international disputes.[66]

Mit Trauer im Herzen stehen wir hier vereint. Wir trauern um viele mutige junge Männer, die ihre Leben auf dem Schlachtfeld verloren, bevor sie ganz erwachsen wurden; wir trauern mit den armen Müttern, denen die Söhne genommen wurden, mit den Tausenden von jungen Witwen und vaterlosen Kindern, und wir fühlen, dass wir es in diesem 20. Jahrhundert der Zivilisation nicht länger ertragen können, dass Regierungen brutale Stärke als die einzige Lösung für internationale Konflikte tolerieren sollten.

Diejenigen, die alle Friedensbemühungen ablehnten, gerieten durch diese Argumentation in die Defensive und waren nun in dem Konflikt, den Beweis erbringen zu müssen, dass sie als fürsorgliche Frauen und Mütter trotzdem die Todesopfer akzeptierten: Der Gegensatz zwischen Mutterliebe und der Akzeptanz möglicher Todesopfer in der Familie ließ sich dabei weniger leicht rechtfertigen als die umgekehrte Schlussfolgerung der Pazifistinnen, Mütter dürften keine Söhne in den Krieg ziehen lassen. Als Folge hieraus überlagerten sich in der Argumentation der Kongressgegnerinnen die geschlechtertypischen Vorstellungen vom Krieg mit weiteren Bezugspunkten. Zum einen waren alle, die den Krieg unterstützten, davon überzeugt, einen Verteidigungskrieg zu führen und von daher im Grunde keine Wahl zu haben. In dieser Logik führte Deutschland einen „Existenzkampf", dem sich der Einzelne nicht entziehen könne. Daneben schrieben Frauen aus dem BDF dem Krieg auch positive Werte zu, da er im Sinne einer moralischen Größe die Gesellschaft verbessere.[67] Die Pazifistinnen stellten dagegen besonders die Grausamkeiten des Krieges heraus und betonten immer wieder, dass der Krieg keine Notwendigkeit oder Naturgewalt sei, sondern ein Rechtsbruch.[68]

Die Kongressgegnerinnen betonten ihre nationale Zugehörigkeit sehr stark, die Anliegen der eigenen Nation besaßen oberste Priorität. Entsprechend ließen sich im Namen der Nation auch die zu erbringenden Opfer rechtfertigen und der empfundene Widerspruch zur Mutterliebe auflösen. In ihrer Kritik an die Pazifistinnen schrieb Gertrud Bäumer:

> Wir Frauen können uns heute nicht international machen! Wir können uns nicht – gerade wir Frauen nicht – der tiefsten, stärksten, heißesten Erlebnisse, die in uns brennen, von 9 bis 1 und von 4 bis 8 entäußern, und, theoretischen Gespenstern unserer selbst, in eine internationale vierte Dimension aufsteigen.[69]

---

66 Aletta Jacobs zitiert von Emily Greene Balch, in: Addams, Balch u. Hamilton, Women at the Hague, S. 7.
67 Vgl. z. B. Gertrud Bäumer: Zwischen zwei Gesetzen, in: Die Frau, 1, Oktober 1915, S. 37–42. Siehe zur gesamten Argumentation Wilmers, Pazifismus, S. 128–161.
68 Vgl. Heymann, Eine Frage, in: Die Frauenbewegung, S. 14.
69 Gertrud Bäumer: Der Bund deutscher Frauenvereine und der Haager Frauenkongreß, in: Die Frauenfrage, 11, 1. September 1915, S. 82–85, S. 83.

Außerdem dürfe man den kämpfenden Männern nicht in den Rücken fallen, sondern müsse sich solidarisch verhalten:

> Und sollen die Frauen der Krieg führenden Nationen den Männern, die ihre nationale Pflicht tun, in den Rücken fallen mit pathetischen Erklärungen [...]?[70]

In dieser Aussage wird die spätere Dolchstoßlegende bereits vorweggenommen. Für die Pazifistinnen dagegen stellte der Internationalismus gegenüber dem Nationalismus den höheren Wert dar. Häufig verwendeten sie das Bild vom Internationalismus als eine Erweiterung des Nationalismus und betonten so, dass Internationalismus nicht als Gegensatz zum Nationalismus aufzufassen sei. Vielmehr verglichen sie das Verhältnis von Nationalismus und Internationalismus mit der Koexistenz verschiedener Einheiten wie Familie, kommunale Zusammenschlüsse, Staaten und eben Internationalismus als die am weitesten gefasste Zugehörigkeit der Menschen.[71]

Die Auseinandersetzungen im Jahr 1915 kulminierten schließlich in der gegensätzlichen Auffassung von staatsbürgerlichen Rechten. Die national gesinnte Frauenbewegung wollte während des Krieges als gleichberechtigter Teil der Nation anerkannt werden: Der Krieg galt als eine Art Bewährungsprobe und versprach zukünftige Teilhabe an der Nation. Nach diesem Modell mussten staatsbürgerliche Rechte erst verdient werden.[72] Die Pazifistinnen dagegen interpretierten den Krieg nicht als Zugewinn für eine spätere Staatsbürgerschaft, sondern empfanden die Rechts- und Machtlosigkeit der Frauen im Krieg noch stärker als in Friedenszeiten. Politische Rechte wurden außerdem als ein Menschenrecht betrachtet, auf das grundsätzlich Anspruch erhoben wurde und das nicht erst verdient werden müsse. Außerdem stellten die Pazifistinnen in Frage, dass die Männer überhaupt richtig handelten und ein Maßstab für staatsbürgerliches Verhalten seien. Dabei wiesen sie daraufhin, dass die Frauenbewegung vor dem Krieg immer damit argumentiert habe, dass sie nicht einfach die Politik der Männer übernehmen, sondern die Politik insgesamt ändern wollte.[73] Ein dauerhafter Frieden war nach Ansicht der Pazifistinnen nur möglich, wenn die Frauen politisch gleichberechtigt seien, weshalb die politische Gleichberechtigung auch eine Kernforderung des Kongresses war und nicht aufgeschoben werden konnte.

Die Diskussion über eine mögliche Staatsbürgerschaft der Frau erklärt schließlich auch, wieso die gesamte Kontroverse über den Haager Frauenfriedenskon-

---

70 Gertrud Bäumer: Heimatchronik, 28. April 1915, in: Die Frau, 9, Juni 1915, S. 560.
71 Vgl. z. B. Lida Gustava Heymann: National-International, in: Zeitschrift für Frauenstimmrecht, 2, 1. Februar 1915, S. 3–4.
72 Vgl. z. B. auch Helene Lange: Frauen und Friede und die Rubrik Verschiedenes, in: Die Frau, 9, Juni 1915, S. 572. Siehe hierzu Wilmers, Pazifismus, S. 155–161 sowie Sharp, Ingrid: „A foolish dream of sisterhood". Anti-Pacifist Debates in the German Women's Movement, 1914–1919, in: Christa Hämmerle u. a. (Hrsg.), Gender and the First World War, London u. a.: Palgrave Macmillan, 2014, S. 195–213.
73 Vgl. z. B. Leopoldine Kulka: Unser Weg, in: Neues Frauenleben, 6, Juni 2016, S. 126 f.

gress so scharfe Züge annahm: Bei den Kongressgegnerinnen ging die Hoffnung, im Gegenzug für die Leistung während des Krieges mehr Rechte zu erhalten, Hand in Hand mit der Befürchtung, dass durch das abweichende Verhalten der Pazifistinnen die Frauenbewegung insgesamt diskreditiert werden könnte und somit die Gleichstellung der Geschlechter verzögert oder sogar verhindert werden würde. Entsprechend verkündete die Zeitschrift des BDF: „Was die deutschen Frauen anlangt, so könnten sie ihre Unreife gar nicht besser zeigen, als wenn sie jetzt die große Entschlossenheit Deutschlands [...] irgendwie zu erweichen versuchten. Ein solcher Versuch wäre ein ebenso klägliches wie unwürdiges Schauspiel."[74]

Zum Referenzpunkt für die Debatten über Pazifismus in der Frauenbewegung wurde der Haager Frauenfriedenskongress auch deshalb, weil die Kongressteilnehmerinnen mit dieser Initiative so deutlich in die Öffentlichkeit getreten sind. Vergleichbare Aktivitäten und Debatten konnten in den folgenden Kriegsjahren aufgrund der verschärften Zensurbedingungen nicht mehr stattfinden.

Die weiteren Kriegsjahre und der zweite internationale Frauenfriedenskongress im Frühjahr 1919

Nicht nur die Anfeindungen von außen sowie die Zensur und Überwachung durch die Behörden in den kriegführenden Ländern wurden für das neugegründete Frauenkomitee für dauernden Frieden und seinen Ländersektionen zum Problem. Die erschwerten Kommunikationswege und der fehlende persönliche Austausch bei einem Krieg, der viel länger dauern sollte als die Frauen ursprünglich erwartet hatten, begünstigten auch innerhalb des Verbandes Missverständnisse und Konflikte. Letztere entzündeten sich vor allem an der Frage, ob ein weiteres internationales Treffen zumindest für einen Teil der Mitglieder organisiert werden sollte oder ob dieses Vorhaben aufgrund der erschwerten Umstände bis nach dem Krieg aufgeschoben werden sollte. Dazu kamen materielle und finanzielle Engpässe – ein Zustand der sich durch den Kriegseintritt der USA 1917 schließlich noch einmal verschlechterte.[75] Immerhin aber überstand das internationale Frauenkomitee für dauernden Frieden die Kriegszeit und wurde mit Einsetzen des Waffenstillstandes sofort und damit auch deutlich schneller als die anderen internationalen Verbände der Frauenbewegung aktiv.

Bereits während des Haager Kongresses hatten die Teilnehmerinnen beschlossen, nach dem Krieg zur selben Zeit und am selben Ort zu tagen, an dem die offiziellen Friedensverhandlungen stattfinden würden, um so möglichst Einfluss auf Europas Nachkriegsordnung nehmen zu können bzw. einen eigenen Stand-

---

74 Helene Lange: Frauen und Frieden, S. 66.
75 Siehe zu der schwierigen Situation des Komitees in der zweiten Kriegshälfte Wilmers, Pazifismus, S. 55–62.

punkt hierzu zum Ausdruck zu bringen.[76] Mit der Wahl Frankreichs als Ort der Friedensverhandlungen verfiel diese Option, da Frauen aus den Verliererenationen keine Einreisegenehmigung in das Land erhalten hätten. Das internationale Frauenkomitee entsandte im Frühjahr 1919 aber eine Delegation nach Frankreich, die sich dort auch mit der französischen Sektion ihres Verbandes traf.

Mit dem Wegfall von Frankreich als Kongressort begann eine Diskussion darüber, welches Land alternativ als Tagungsort gewählt werden sollte. Während viele Teilnehmerinnen die Schweiz als politisch neutrales und zentral in Europa gelegenes Land bevorzugten, wollte das internationale Büro mit Aletta Jacobs und Rosa Manus an seiner Spitze auch den Nachkriegskongress in die Niederlande legen. Gleichzeitig behaupteten Jacobs und Manus mehr Zeit für die Vorbereitungen zu brauchen und wollten den Kongress zeitlich verschieben – eine Forderung, die vielen anderen europäischen Frauen völlig unverständlich war. In Anbetracht der Revolutionen, der politischen Diskussionen über die rechtliche Stellung von Frauen und der katastrophalen wirtschaftlichen Lage in weiten Teilen Europas wollten sie keine Zeit mehr verlieren, eine Positionierung hierzu zu diskutieren und zu veröffentlichen. In der Auseinandersetzung um die Wahl des Kongressortes setzte sich letztlich die Schweizer Sektion durch, die schließlich den Nachkriegskongress ausrichtete.[77]

Der zweite internationale Frauenfriedenskongress tagte vom 12.–17. Mai 1919 unter Beteiligung von ca. 150 Frauen aus 16 Ländern in Zürich – eher zufällig, aber wie ursprünglich intendiert, zu der Zeit, als die Siegerstaaten die Friedensbedingungen für Deutschland vorlegten. So gehörte das Frauenkomitee zu den ersten Organisationen, die hierzu öffentlich Stellung beziehen konnten. Während der fünftägigen Konferenz diskutierten die Teilnehmerinnen – darunter 28 Frauen aus Deutschland – über die Nachkriegssituation in Europa. Hauptpunkte der Verhandlungen waren die Verurteilung der Lebensmittelblockade und des Friedensvertrages. Letzteres beinhaltete auch eine sehr kritische Auseinandersetzung mit der nach Ansicht der Pazifistinnen unzulänglichen Völkerbundstruktur. Überdies protestierten die Teilnehmerinnen gegen die anhaltenden militärischen Aktionen in Russland und Ungarn und forderten eine Amnestie für alle Kriegsgefangenen einschließlich der Kriegsdienstverweigerer.[78] Die Teilnehmerinnen beschlossen zudem, das Frauenkomitee in „Internationale Frauenliga für Frieden und Freiheit" (Women's International League for Peace and Freedom, WILPF) umzubenennen und den Sitz des internationalen Büros von Amsterdam nach Genf zu verlegen. Genf wurde deshalb gewählt, weil hier auch der Völkerbund

---

76 Internationales Frauenkomitee, Bericht – Rapport – Report, S. 41.
77 Vgl. hierzu Annika Wilmers: Rosa Manus at the 1915 International Congress of Women in The Hague and her Involvement in the Early WILPF, in: Rosa Manus (1881–1942).
The International Life and Legacy of a Jewish Dutch Feminist, hrsg. v. Myriam Everard u. Francisca de Haan, Leiden u. a.: Brill, 2017, S. 59–87, S. 79–82.
78 Siehe Women's International League for Peace and Freedom, Report of the International Congress of Women, S. 241–249.

seinen Hauptsitz bekommen sollte. Das neue Büro wurde nach dem Züricher Kongress von Emily Greene Balch aufgebaut und geleitet, während Jane Addams (bis 1929) Vorsitzende des Verbandes blieb.

Mit der Gründung einer pazifistisch-feministischen internationalen Frauenorganisation, deren Arbeit auch nach dem Krieg weiter geführt werden sollte, hatte das „Internationale Frauenkomitee für dauernden Frieden" vor allem die IWSA gespalten, da die meisten Pazifistinnen aus diesem Verband gekommen waren. Wie die Pazifistinnen ihr Verhältnis fortan zur IWSA definierten, war indes unterschiedlich. Manche Pazifistinnen, wie Anita Augspurg und Lida Gustava Heymann, wandten sich von der IWSA ab, während andere kein Problem darin sahen, in beiden Verbänden Mitglied zu sein oder sich nach dem Krieg sogar erneut der IWSA zuwandten, wie es bei Rosa Manus der Fall war. Die Emotionen kochten anscheinend vor allem in den kriegführenden Staaten hoch, wo die politische Situation ein klares Bekenntnis für oder gegen den Frieden erfordert hatte, während dies für Mitglieder neutraler Staaten nicht immer nachzuvollziehen war. Die amerikanische Präsidentin der IWSA, Carrie Chapman Catt, hatte das Ausmaß der Auseinandersetzungen um pazifistische Positionen innerhalb der IWSA 1915 beispielsweise unterschätzt.[79]

Die Mitglieder der beiden älteren internationalen Dachverbände, des International Council of Women und der International Woman Suffrage Alliance, trafen sich erst ein Jahr später auf internationalem Parkett wieder – und zumindest viele Frauen der ehemals kriegführenden europäischen Nationen taten sich dabei deutlich schwerer als die Pazifistinnen, die Zusammenarbeit mit Frauen aus ehemals befeindeten Ländern wieder aufzunehmen. Allerdings sollte das Friedensthema ab der zweiten Hälfte der 1920er Jahre und darüber hinaus unter dem Eindruck der Wiederaufrüstung und des erstarkenden Faschismus in Europa in der gesamten internationalen Frauenbewegung an Bedeutung gewinnen und schließlich zu einem ihrer wichtigsten Themen werden.[80]

---

[79] Siehe z. B. Carrie Chapman Catt an Jane Addams, 12. November 1915, The Jane Addams Papers, hrsg. v. Mary Lynn McCree Bryan, University Microfilms International, Ann Arbor 1984, Film 9.
[80] Siehe hierzu Karen Offen, European Feminisms 1700–1950. A Political History, Stanford: Stanford University Press, 2000.

Petra Schönemann-Behrens

„Organisiert die Welt!"

Leben und Wirken des Friedensnobelpreisträgers Alfred Hermann Fried (1864–1921)

Vorwort:

Wenn Sie Freunden oder Bekannten erzählen, dass Sie einen Vortrag über Fried gehört haben, dann werden Sie in den meisten Fällen ein freudiges Aufleuchten in den Gesichtern sehen und man wird ihnen antworten: „Fried, ja, den kenne ich. Der hat doch diese Friedensgedichte geschrieben." Gemeint ist dann der Dichter Erich Fried, der am 6. Mai 1921 in Wien geboren wurde – genau zwei Tage, nachdem Alfred H. Fried im Wiener Rudolfspital gestorben war.

Erich Fried und Alfred Hermann Fried, beide gebürtige Wiener mit jüdischer Abstammung, sind nicht verwandt. Was sie verbindet, sind ihr Nachname, ihr Geburtsort, drei Ehefrauen und eine streitbare Persönlichkeit. Beide lebten zeitweise im Exil und galten als politisch aktive „Stören-Friede". Was sie trennt, sind zwei Generationen und die Tatsache, dass man sich an Erich Fried erinnert, Alfred Hermann Fried dagegen weitgehend vergessen ist – zu Unrecht, wie ich meine.

Als die Nachricht vom Tod Alfred H. Frieds im Mai 1921 um die Welt geht, schreibt Erich Mühsam in sein Tagebuch:

> Ein ehrlicher und tapferer Kerl [...] Er wird als einer, der Gutes ehrlich wollte, im Gedächtnis der Zukunft bleiben.[1]

Aber er verschweigt auch die ideologischen Gegensätze nicht, die zwischen ihm, dem anarchistischen Antimilitaristen, und dem wie er meint „in bürgerlicher Ideologie" befangenen Fried bestehen, der eine internationale Staatenorganisation propagiert. Für Mühsam waren alle Völkerbundbestrebungen letztlich nur der Versuch, der sozialistischen Internationale eine „kapitalistische Internationale" entgegenzusetzen. Fried dagegen hielt den Glauben, die Arbeiter und Soldaten könnten und würden den Krieg im Ernstfall durch einen Generalstreik verhindern, für völlig unrealistisch.

Auf den ersten Blick gibt es zwischen beiden Männern nur wenige Gemeinsamkeiten: Sie stammen aus ganz unterschiedlichen Regionen und Gesellschaftsschichten, werden von unterschiedlichen Ereignissen geprägt und schlagen ganz

---

1 Dies und das Folgende: Erich Mühsam, Tagebuch Heft 27, Eintrag vom 7.5.1921, zit. nach der Online-Ausgabe: http://www.muehsam-tagebuch.de/tb/diaries.php.

unterschiedliche Lebenswege ein. Zudem ist Fried 14 Jahre älter als Erich Mühsam.

Dennoch gibt es auch Ähnlichkeiten, z. B. die Tatsache, dass beide aus liberalen jüdischen Elternhäusern stammen, dass sie das Gymnasium vor der Zeit verlassen, eine Lehre machen und dann doch eine ganz andere, schriftstellerische Richtung einschlagen. Beide leben eine Weile in Berlin, beide sind lange Phasen ihres Lebens knapp bei Kasse, beide gründen ihre eigene Zeitschrift – und vor allem: Beide sind Idealisten, die einen Weg in eine bessere, gerechtere und friedlichere Welt suchen.

Ihre Wege scheinen sich sogar hin und wieder gekreuzt zu haben. Erich Mühsam berichtet in seinen Tagebüchern, er habe bei verschiedenen Begegnungen in Wien, Berlin und München mit Fried gestritten und sogar einmal auf einer öffentlichen Versammlung in München mit ihm diskutiert.

Möglich, dass es so war. In Frieds Nachlass in Genf habe ich darauf keinen Hinweis gefunden. Obwohl dort Frieds gesamte schriftliche Hinterlassenschaft aufbewahrt ist, findet sich in der umfangreichen Korrespondenz der Name Mühsam lediglich zwei Mal: Einmal im Zusammenhang mit einem Artikel Mühsams über den Schriftsteller Paul Scheerbart, den Fried im Februar 1913 in seiner Zeitschrift „Friedens-Warte" nachdruckt. Und dann gibt es noch eine kleine Korrespondenz mit Paul Mühsam, Erich Mühsams Cousin, der ihm 1915 über die Situation der Deutschen Friedensgesellschaft in Görlitz berichtet und sich dann 1920 noch einmal wegen seines Buches „Aus dem Schicksalbuch der Menschheit" an Fried wendet. Eine Korrespondenz mit Erich Mühsam selbst existiert nicht und Fried erwähnt ihn auch in seinen Kriegstagebüchern nicht ein einziges Mal.

Andererseits gab es definitiv gemeinsame Freunde und Bekannte, wie das Schauspielerehepaar Bernhard und Lucy von Jacobi, die in München lebten, mit Mühsam befreundet und mit Fried verwandt waren, oder Gustav Landauer und die Brüder Hart, mit denen beide fast zeitgleich in Berlin zusammentrafen und später in Kontakt blieben.

Biographie:

Alfred Hermann Fried wird am 11. November 1864 in Wien geboren. Er ist das erste von neun Kindern jüdischer Einwanderer aus Ungarn, die sich erst kurz zuvor in Wien niedergelassen haben. Die Mutter, Berta Fried-Engel, stammt aus dem Budapester Bildungsbürgertum, Vater Samuel Fried aus Szigetvar, einer Kleinstadt in Süd-Ungarn. In den ersten Jahren in Wien geht es der Familie offensichtlich gut. Der Vater ist Hutverkäufer und geschäftlich so erfolgreich, dass die stetig wachsende Familie 1870 schon in einen Wiener Villenvorort umziehen kann, wo der eben schulpflichtige Alfred eine Privatschule besucht und daneben noch einen Hauslehrer hat. Mit dem Börsenkrach von 1873 ändert sich die Situation jedoch dramatisch. Bereits im Herbst dieses Jahres muss Samuel Fried sich mit seiner hochschwangeren Frau und den vier kleinen Kindern eine billigere Wohnung in der Leopoldstadt suchen, einer damals von Juden bevorzugten, ärmeren Wohngegend. Alfred muss von der Privatschule in die 4. Klasse der jüdischen Grundschule wechseln. Im folgenden Jahr kommt er aufs Gymnasium, bleibt aber dort schon im zweiten Jahr sitzen. Im selben Jahr stirbt seine kleine Schwester Charlotte, zu der der Junge ein sehr enges Verhältnis hat. Ob ihre Erkrankung etwas mit Frieds schlechten Leistungen in der Schule zu tun hat, ist unklar, aber durchaus vorstellbar.

Am Lernwillen scheint es jedenfalls nicht gelegen zu haben. Der junge Fried ist vielseitig interessiert, bringt sich mit elf Jahren nebenher selbst Stenographie bei, lernt begeistert Latein und liest sehr viel – alles in beengten, ärmlichsten Verhältnissen. Trotzdem verlässt er ein Jahr später das Gymnasium ganz und beginnt eine Buchhändlerlehre. Fried selbst hat in seinen Lebenserinnerungen später geschrieben, er habe Schwierigkeiten mit dem Erlernen der griechischen Sprache gehabt. Zudem habe ihn die Aussicht gereizt, sich den ganzen Tag mit Büchern beschäftigen zu können – es ist aber ebenso gut möglich, dass der eigentliche Grund eine Ausbildung anzufangen darin bestand, dass sie bezahlt wurde. Im Nachlass Frieds im Völkerbundarchiv in Genf befindet sich ein kleines, handgeschriebenes Tagebuch aus seinem ersten Lehrjahr 1880. Damals ist er gerade 15 Jahre alt.

Ich möchte hier zwei exemplarische Einträge vorlesen. Am 19. Mai 1880 heißt es:

> Die Verhältnisse meiner Eltern sind elend. Heute Abend hatten wir nicht einmal Brot zu Hause, geschweige Nachtmahl. Papa kam um 9 Uhr nach Hause. Mich schickte Mama mit einem Pack Wäsche um 9 Uhr ins Leihhaus. Dies war schon zugesperrt. Elend, elend, Elend ist unsere Existenz. Ich denke Tag und Nacht daran, sie zu verbessern.[2]

An anderer Stelle schreibt er:

> Die Verhältnisse meiner Eltern haben sich insofern etwas gebessert, dass der Onkel Moritz durch eine kleine Sendung von Geld und Wein etwas ausgeholfen hat, doch der Zins ist vor der Tür und das Elend wächst immer und kein Abend vergeht ohne Ausbruch der Sorge. [Onkel Moritz ist ein Bruder der Mutter, der ebenfalls in Wien lebte und die Familie immer wieder unterstützt.]

Diese kurzen Auszüge machen die prekäre Situation der Familie deutlich. Der Vater ist wohl schon seit 1873 arbeitslos und findet nur selten einmal für ein paar Tage einen Job. So ist die kinderreiche Familie auf die mildtätige Hilfe der Verwandten mütterlicherseits angewiesen und kann jeden Kreuzer brauchen. Frieds Lehrgeld kommt da wie gerufen. Immer wieder muss der Lehrjunge sich sogar Vorschuss geben lassen, um irgendwelche Löcher im Familienetat not-

---

2 Dies und alle weiteren ungekennzeichneten Zitate sind entnommen aus meinem Buch: Alfred H. Fried. Friedensaktivist – Nobelpreisträger, Römerhof-Verlag, Zürich 2011.

dürftig zu stopfen. Nur sehr selten darf er mal einen kleinen Teil seines Verdienstes für sich behalten. Dazu scheint er für die Mutter in dieser Zeit auch immer mehr zum Haupt-Ansprechpartner bei all ihren Sorgen zu werden.

Diese Kindheitssituation zu kennen ist wichtig, wenn man den späteren Fried verstehen will. Als ältester Sohn übernimmt er sehr früh die Verantwortung für die Familie. Die Fürsorge für seine mittellosen Eltern und die teils kranken Geschwister bleibt über Jahrzehnte hinweg ein wesentlicher Bestandteil seines Lebens. Auch in Zeiten, in denen er später in Berlin selbst am Existenzminium lebt, schickt er, wie seine erhaltenen Haushaltsbücher belegen, noch regelmäßig Geld zu seiner Familie nach Wien. Und noch in seinem Testament von 1918 bittet er seine Frau, seinen jüngeren Bruder, wenn irgend möglich, weiter zu unterstützen. Anders als Mühsam bleibt er dabei zeitlebens der dankbare Sohn, der seinen Eltern gegenüber Hochachtung und Respekt bewahrt und besonders die Mutter für ihren Kampfgeist und das Niemals-Aufgeben ehrt und bewundert.

Zugleich formt sich in diesem ersten Lebensabschnitt aber auch Frieds unbändiger Wunsch, sich selbst aus dem „Schlamm", wie er es nennt, emporzuarbeiten und sich eine sichere bürgerliche Existenz aufzubauen. Dafür kämpft er, dafür arbeitet er unermüdlich – in Wien und später auch in Berlin. Die Familie der Mutter dürfte dafür Vorbild gewesen sein: ihr Bruder Moritz Engel war Herausgeber des angesehenen „Wiener Salonblattes", ein anderer Bruder Ballettmeister in Braunschweig und die jüngste Schwester der Mutter, Katharina Engel, heiratete nach einer Schauspielausbildung den bekannten Heimatdichter Ludwig Ganghofer. Ihre jüdische Herkunft bleibt in den älteren Ganghofer-Biographien unerwähnt.

Für den Traum „vom Tellerwäscher zum Millionär" zu werden, d. h. es mit Fleiß und Geschick zu etwas bringen zu können, gab es damals einen ganz bestimmten Ort, zu dem es alle hinzog, die ihr Schicksal in die eigene Hand nehmen wollten. Ich meine jetzt nicht Amerika – sondern die junge Reichshauptstadt Berlin. Im Berlin der Gründerzeit war es schon manchem gelungen, aus unteren oder mittleren Schichten bis ganz nach oben zu kommen. Ein junger, ehrgeiziger Buchhändler konnte also durchaus darauf hoffen, in Berlin sein Glück zu machen. Nach Abschluss der Lehre bewirbt sich Fried daher sofort bei Buchhandlungen im Deutschen Reich und schafft tatsächlich, nach einem kurzen Umweg über Hamburg, den Sprung nach Berlin.

Insgesamt drei Jahre arbeitet er bei verschiedenen Buchhandlungen und gründet dann – nachdem er seinen Wehrdienst in Wien ordnungsgemäß abgeleistet hat – im November 1887 (mit gerade mal 23 Jahren) seinen eigenen Verlag.

Schon im ersten Jahr erscheinen in dem kleinen Verlag fünf Werke. Das Geld dafür kommt vor allem von der Familie seines Kompagnons Jaques Gnadenfeld, dessen Vater eine Fabrik in Breslau besitzt. Fried heiratet die zweitälteste Tochter und gibt zusammen mit ihrem Bruder in den nächsten Jahren eine Vielzahl von Büchern heraus, darunter Werke von Stendhal und Hans Land, eine politisch hochbrisante Broschüre von Richard Grelling, aber auch eine Volksausgabe von Bismarcks gesammelten Werken.

Kurze Zeit scheint alles wunderbar zu laufen, aber Fried ist kein Geschäftsmann. Er steckt voller Energie und sprudelt vor Ideen, aber er hat keinen Sinn für die kaufmännische Seite und er hat auch keine Achtung vor „Krämerseelen", die die Finanzen mehr im Blick haben als die Welt der Möglichkeiten. So zerstreitet er sich schon bald mit seinem Partner. Die öffentlich geführte Auseinandersetzung schadet seinem Ruf in Buchhändlerkreisen, und als der Verlag Ende 1891 geteilt wird, verliert Fried auch den finanziellen Rückhalt durch die Familie Gnadenfeld.

Genau in diese Zeit fällt Frieds erster Kontakt mit Bertha von Suttner. Im November 1891 liest er eine Zeitungsnotiz über die Gründung der Österreichischen Friedensgesellschaft und fragt umgehend bei Bertha von Suttner an, ob sie sich nicht vorstellen könnte, eine Zeitschrift zur Verbreitung der Friedensidee herauszugeben und in seinem Verlag zu verlegen. Mit dieser Anfrage beginnt eine Beziehung, die bis zu Bertha von Suttners Tod im Jahre 1914 immer enger werden wird.

Die Motive für Frieds Anfrage sind sicherlich nicht nur idealistischer Natur: Sein Verlag ist durch die Teilung geschwächt und braucht dringend ein Zugpferd. Bertha von Suttners Roman „Die Waffen nieder!" war 1889, zwei Jahre zuvor, wie eine Bombe eingeschlagen und bis in den deutschen Reichstag hinein Gesprächsthema geworden. Innerhalb von sieben Jahren wurden 14 Auflagen gedruckt und zusätzlich eine Volksausgabe. Eine Zeitschrift mit dem Titel „Die Waffen nieder", die direkt an diesen Bestseller anknüpfte, konnte durchaus ein Erfolg werden.

Aber es sind sicher auch nicht nur diese Erwägungen, die Fried zu seinem Angebot an Bertha von Sutter bringen. Fried ist von Haus aus allen ethisch hochstehenden Ideen zugeneigt. Sein Elternhaus war liberal-humanistisch ausgerichtet und noch während der Lehrzeit hatte er eine Ausstellung des russischen Malers Wereschagin mit Bildern aus dem russisch-türkischen Krieg besucht, die ihn tief beeindruckt hatte. Später behauptet er sogar, er sei durch diese Ausstellung schon ein „latenter Pazifist" geworden, habe aber das Wort noch nicht gekannt und auch keine Gleichgesinnten gefunden.

Hier verband sich also die Möglichkeit eines materiellen Erfolges mit dem Dienst an einer hochstehenden Sache und der Hoffnung auf gesellschaftliche Anerkennung im Kreise angesehener, edel gesinnter Menschen. In Wien waren viele Adlige und Akademiker der Friedensgesellschaft beigetreten und Fried glaubt, das werde in Berlin ganz ähnlich sein.

Offensichtlich schätzt er die Situation in Berlin ganz falsch ein, genauso wie die Vermögenslage Bertha von Suttners. Fried hält die adlige Bestseller-Autorin für reich und hofft, sie werde den Verlag finanziell unterstützen. (Dass Bertha von Suttners Einnahmen zu diesem Zeitpunkt komplett in das hochverschuldete Gut ihrer Schwiegereltern gehen, ahnt er nicht.) Umgekehrt glaubt aber auch Bertha von Suttner, Fried sei ein vermögender Verleger, der sie für die Herausgabe der Zeitschrift gut bezahlen werde.

Es dauert eine Weile, bis sich das wechselseitige Missverständnis aufgeklärt hat. Die Zeitschrift wird trotzdem ins Leben gerufen, in der Hoffnung, dass es Fried gelingen wird, ganz schnell eine deutsche Friedensgesellschaft zu gründen und dadurch auch feste Abonnenten für die Zeitschrift zu gewinnen.

In Berlin ist das jedoch nicht so einfach wie in Österreich und Fried verfügt auch nicht über die notwendigen Kontakte. So dauert es ein ganzes Jahr, bis Fried genügend Interessierte für eine konstituierende Sitzung am 9. November 1892 zusammenbekommt und dann noch einmal fast zwei Monate, bis sich ein Vorsitzender findet.

Nicht lange dauert es dagegen, bis sich die Deutsche Friedensgesellschaft von ihrem Gründer abwendet: Offiziell wirft man ihm vor, er sei in den Reihen des Vereinsvorstandes nicht tragbar, weil er in seinem Verlag auch eine erotische Buchreihe herausgebe. Vermutlich gibt es aber noch ganz andere Gründe:

- Die DFG ist von Beginn an national ausgerichtet und wollte möglicherweise keinen Österreicher als Gründungsvater – noch dazu einen mit enger Anbindung an Bertha von Suttner.
- Zudem sind da Frieds geringe Schulbildung und sein geringes gesellschaftliches Ansehen, sein wirtschaftliches Interesse an der Vereinsgründung – und vielleicht auch sein streitbarer, selten kompromissbereiter Charakter.

Auf jeden Fall wird Fried zwischen Dezember 1891 und Januar 1892 veranlasst, den Vorstand zu verlassen. Das wird dann auch so bleiben. Fried wird immer wieder für und mit der DFG arbeiten, ist sogar einige Zeit Redakteur des Vereinsblattes, aber er hält sich dabei immer am Rand auf und bleibt der kritische Beobachter von außen.

Den Einsatz für die Friedensidee wird er nie mehr aufgegeben. Allerdings stellt er nun, statt der Vereinsarbeit, die Friedens-Propaganda in den Medien in den Vordergrund und arbeitet immer mehr als Schriftsteller und Journalist für die Idee: Fried glaubt daran, dass man die Massen für die Friedensideen gewinnen könne – wenn man ihnen die Vorstellungen der Friedensbewegung in einfachen Worten nahebringt.

Er hält deshalb die langen, gelehrten Abhandlungen, die es bereits gab, für nutzlos und entwirft stattdessen einfache Frage-Antwort-Broschüren. An Eugen Schlief (den Verfasser einer dieser gelehrten Abhandlungen) hat Fried einmal geschrieben, die Wähler der Sozialdemokratie seien auch nicht mit Marx gewonnen worden, sondern „*mit dem Phrasengedresche, das um diesen herumwächst*".

Diese breite Propaganda für die Friedensidee wird in den folgenden Jahrzehnten immer mehr zu Frieds Lebensaufgabe. Er schreibt insgesamt mehr als 40 Bücher und Broschüren zu friedensrelevanten Themen. Als Journalist berichtet er ab 1894 von allen relevanten Treffen und Versammlungen der Friedensfreunde, kommentiert Zeitereignisse und wendet sich gegen die alldeutsche Propaganda. Dabei bemüht er sich auch hier um Breitenwirkung und versucht, seine Artikel in möglichst großen Zeitungen unterzubringen. Zudem setzt er sich für einen Zusammenschluss der friedensfreundlichen Presse auf nationaler und internationaler Ebene, um die Wirkung noch zu verstärken. (Leider bleiben alle Ansätze letztlich erfolglos.)

1899 nimmt Fried zusammen mit Bertha von Suttner an der Eröffnungsfeier der 1. Haager Konferenz teil und berichtet in den kommenden Wochen für diverse Zeitungen direkt aus Den Haag. Während dieser Wochen zusammen mit Freunden und Gleichgesinnten entsteht auch die Idee für eine neue Zeitschrift, die die wenig erfolgreiche Revue „Die Waffen nieder!" ablösen soll. Das neue Konzept sieht eine Wochenschrift für internationale Verständigung vor, die allen Strömungen der Friedensbewegung, auch im Ausland, ein Forum geben und sich für einen Frieden durch Recht und Vernunft einsetzen soll. Fried tauft die neue Zeitschrift „Die Friedens-Warte" und mit Hilfe von ein paar Sponsoren kann er die erste Ausgabe noch während der Haager Konferenz herausbringen. Die Resonanz ist allerdings geringer als erwartet und Fried ändert daher die Erscheinungsweise relativ bald auf monatlich, was für Autoren und Abonnenten günstiger ist. Dennoch bleibt „Die Friedens-Warte" immer ein Verlustgeschäft. Letztlich können nur Sammlungen und Spendenfonds den Erhalt sichern – ein gutes Geschäft wird die Zeitschrift nie –, aber sie existiert bis heute. (Heute erscheint die Zeitschrift vierteljährlich im BWV Verlag, Berlin).

Auch privat kommt Fried nicht aus den roten Zahlen heraus. Während der 20 Jahre, die Fried in Berlin lebt, gelingt es ihm bei aller Energie und allem Ehrgeiz nie, wirklich Fuß zu fassen. Dabei arbeitet er quasi unermüdlich, nicht nur für die Friedensidee. Als Journalist bemüht er sich, den Finger immer am Puls der Zeit zu haben: Neben zahllosen Feuilleton-Artikeln schreibt er ein Buch gegen die Todesstrafe, befasst sich mit der Lebensreformbewegung, gibt das erste Esperanto-Handbuch in deutscher Sprache heraus und meldet mehrere Erfindungen zum Patent an, u. a. ein neues Müllsystem und ein ringbuchartig aufgebautes ergänzungsfähiges Lexikon.

Trotzdem kommt er nie auf einen grünen Zweig. Schon 1895 muss er seinen Verlag aufgeben; im selben Jahr wird auch seine Ehe mit Gertrud Gnadenfeld geschieden. Auch eine neue Ehe, eine Einheirat in die angesehene, wohlhabende Berliner Familie Holländer hilft ihm nicht. Was er verdient, reicht oft kaum zum Leben. Im Nachlass finden sich bis heute zahllose Mahnungen, Pfandleihbelege und Pfändungsbescheide aus dieser Zeit. Auch ein Einbürgerungsgesuch Frieds um 1900 wird, vermutlich aufgrund seiner finanziellen Situation, abgewiesen.

Anfang 1903 kommt dann auch noch ein Beziehungs-Drama dazu: Fried wird in flagranti mit seiner langjährigen heimlichen Geliebten Therese Frankl erwischt, die ebenfalls verheiratet ist und zwar mit Frieds bestem Freund. Die Berliner Gesellschaft ist empört und die angesehene Familie Holländer schürt die Empörung. Dass Frieds Frau, Martha Holländer, psychisch schwer krank ist und die Ehe mit ihr seit Jahren eine schwere Bürde für Fried, spielt dabei keine Rolle. Die meisten Bekannten und Freunde wenden sich von ihm ab.

Als die Lage immer mehr eskaliert, flieht Fried zurück nach Wien. Er geht nicht gerne zurück, dazu waren die Hoffnungen auf Berlin zu groß und die Erinnerungen an die Kindheit in Wien zu düster. Anfangs hofft er noch, er könne nach Berlin zurückkehren, sobald sich die Wogen geglättet hätten, aber daraus wird nichts.

Aus heutiger Sicht gesehen, war der Wechsel von Berlin zurück nach Wien ein Glück für Fried: persönlich und insbesondere in Bezug auf sein Wirken für die Friedensbewegung. Denn in Wien hat eine gute Freundin den Vorsitz der Friedensgesellschaft: Bertha von Suttner. Auch sie ist nach dem Tod ihres Mannes gerade von Schloss Harmannsdorf nach Wien übersiedelt. Mit Bertha von Suttner im Rücken hat Fried es deutlich leichter als in Berlin. Bertha von Suttner bemüht sich von Anfang an, Fried in ihre Friedensgesellschaft mit einzubinden und ihn als möglichen Nachfolger aufzubauen. Sie organisiert Diskussionsabende, bei denen sie gemeinsam mit ihm auftritt, arrangiert für ihn öffentliche Vorträge, bringt ihn mit Persönlichkeiten wie Arthur Schnitzler, Balduin Groller und Heinrich Lammasch zusammen und sorgt dafür, dass er auch auf der internationalen Bühne bekannt wird.

1904 wird Fried so Mitglied des Internationalen Friedensinstitutes von Monaco, 1907 österreichisches Mitglied des Rates des Internationalen Friedensbüros in Bern. Über Bertha von Suttner bekommt Fried auch Kontakt zu Mäzenen wie Fürst Albert von Monaco, den Dresdner Bankier Georg Arnold und Andrew Carnegie, die seine Arbeiten finanziell unterstützen.

Nur mit dieser vielfältigen Unterstützung kann Fried so große Buchprojekte wie das „Handbuch der Friedensbewegung" oder sein „Pan-Amerika-Buch" in Angriff nehmen und – immer im Gespräch mit Bertha von Suttner – seine eigene pazifistische Theorie entwickeln. Obwohl die beiden Pazifisten in derselben Stadt leben und sich häufig treffen, sind im Nachlass mehr als 5000 Briefe Bertha von Suttners an Fried erhalten, die belegen, dass sie sich zusätzlich nahezu täglich, oft sogar mehrmals am Tag, schreiben.

1905 erscheint die erste Fassung des „Handbuches der Friedensbewegung", das als Hilfe für aktive Pazifisten gedacht ist. Darin finden sich u. a. die Namen und Adressen pazifistischer Organisationen aller Nationen, ein biographisches Lexikon, die Geschichte der Friedensbewegung, der aktuelle Stand der Entwicklung und eine Klärung wichtiger Grundbegriffe, wie z. B. des Unterschiedes zwischen militärischem und pazifistischem Friedensbegriff.

Gleichzeitig beginnt Fried in der „Friedens-Warte" mit der Ausformung seiner pazifistischen Theorie. 1908 gibt er sie erstmals als kleine Broschüre unter dem Titel „Revolutionärer Pazifismus" heraus – mit „revolutionär" meint er dabei umwälzend und neuartig. Doch für seine Leser ist dieser Begriff ebenso negativ besetzt wie z. B. der Begriff „anarchistisch", daher gibt Fried den Namen bald wieder auf und nennt seinen Pazifismus nun „ursächlich", d. h. das Übel Krieg an der Wurzel packend oder umgekehrt, die Grundlagen für einen stabilen Frieden legend. Nach Frieds Tod setzte sich der Begriff „organisatorischer Pazifismus" für seine Theorie durch.

Wenn man Frieds Theorie mit kurzen Worten umreißen will, dann geht es darin, vereinfacht gesagt, um die Stärkung internationaler Beziehungen auf allen gesellschaftlichen Ebenen und eine verbindliche Rechtsordnung zwischen den Völkern.

Fried glaubte daran, dass der rasante technische Fortschritt seiner Zeit, der Verkehr und die wirtschaftliche Vernetzung der europäischen Länder letztlich beinahe zwangsläufig dazu führen würden, dass Europa enger zusammenrücken und die Nationalstaaten ihren übertriebenen Nationalismus zugunsten eines einigen Europas aufgeben würden. Für ihn ist die, wie er es nennt, „zwischenstaatliche Anarchie", das Fehlen eines internationalen Rechtssystems, das Hauptproblem und die Entwicklung einer umfassenden internationalen Organisation die Lösung. Sein Aktionsprogramm besteht deshalb vor allem darin, diese Entwicklung mit allen Mitteln zu fördern und Hemmnissen so weit wie möglich entgegenzuwirken.

Sein Pazifismus unterscheidet sich damit deutlich von dem damals bei Pazifisten vorherrschenden „Reformpazifismus", der vor allem auf einen weiteren Ausbau der Schiedsgerichtsbarkeit setzte. Fried geht das nicht tief genug. Er will die Ursachen für Konflikte bekämpfen und sieht in der Schiedsgerichtsbarkeit nur einen kleinen Teilbereich der Arbeit.

Auch in seiner Symbolik geht Fried neue Wege: Ab 1906 erscheint „Die Friedens-Warte" mit ineinandergreifenden Zahnrädern über dem Leitspruch „Organisiert die Welt!". Fried selbst hat in der Januarausgabe seiner Zeitschrift erklärt, warum. Er schreibt:

Das richtige Emblem zu finden, war nicht leicht. Wir mussten Abstand nehmen von dem Hergebrachten. Keine Ölzweige, keine Tauben, keine Engel, keine weißen Fahnen, keine zerbrochenen Schwerter, keine Pflugscharen! [...] Eine Reihe ineinandergreifender Zahnräder erschien uns als das richtige Symbol. Das zeigt das Zusammenwirken zu einem gemeinsamen Zweck, das zeigt den Teil im Zusammenhang mit dem Ganzen, das Ganze im Zusammenhang durch den Teil, die ruhige, sichere Fortwirkung durch Organisation.

Man kann hier einen Gegensatz zu Bertha von Suttner und ihrem moralischen Appell „Die Waffen nieder!" sehen, was vielfach auch geschieht: Bertha von Suttner, die emotionale „Schwärmerin für Güte" (so heißt eine Biographie von Leopold Katscher, die 1903 entstand) und Fried, der rationale Internationalist. Wer das tut, unterschätzt aber, meiner Meinung nach, nicht nur die Persönlichkeit Bertha von Suttners (ich empfehle die Lektüre ihrer „Randglossen zur Zeitgeschichte" als einen Beweis für ihren politischen Sachverstand und ihre scharfen, völlig unsentimentalen Analysen), er verkennt auch die enge Zusammenarbeit der beiden Pazifisten. Es ging wohl eher darum, verschiedene Gruppen der Bevölkerung anzusprechen.

Zurück zu Fried: 1908 ist auch für Fried persönlich ein wichtiges Jahr: Im Dezember 1908 sind er und Therese nämlich endlich beide von ihren früheren Ehepartnern geschieden und können heiraten. Auch hier zeigt sich Frieds kämpferischer Charakter. Therese ist evangelisch und nach österreichischem Recht muss daher einer der beiden Eheleute zur Konfession des anderen übertreten oder sich konfessionslos erklären. Zumeist wechselt damals der jüdische Teil. Auch in Frieds eigener Familie bleibt nur seine jüngste Schwester Sidonie, die mit Alfred Simonsohn einen Juden heiratet, der jüdischen Religion treu. Alle anderen wechseln zur Religion ihres Partners oder erklären sich konfessionslos.

Für Fried hätte es eigentlich nahegelegen, sich zumindest konfessionslos zu erklären, denn er scheint kaum Kontakt zur jüdischen Gemeinde gehabt zu haben. Aber 1908 kommt ein Austritt für ihn nicht mehr in Frage. In einem Brief an den Stuttgarter Stadtpfarrer und 2. Vorsitzender der DFG Otto Umfrid von 1909 erklärt er den Grund so:

> Es ist nicht die Glaubensgemeinschaft, die mich an das Judentum fesselt, denn ich habe in meiner Erziehung vom jüdischen Glauben fast nichts erfahren und stehe mit meiner Weltanschauung dem jüdischen Glauben unendlich fern. Was mich veranlasst auszuharren, ist die heutige soziale Lage des Judentums. In dieser Zeit der Bedrückung und Verfolgung mich von einer Gemeinschaft zu lösen, der ich nun einmal von Geburt und Abstammung angehöre, würde ich als Desertion in Kriegszeiten betrachten. [...] als Intellektueller glaube ich die Pflicht zu haben, bei der unterdrückten Minderheit auszuharren.

Frieds tatsächliche Weltanschauung zeigt sich dagegen eher in seiner engen Verbindung zu den Freimaurern. Im Februar 1908 wird Fried Mitglied der Wiener Grenzloge „Sokrates" und erhält im Januar 1910 dort den Meistergrad. Bei den Freimaurern findet er bis zu seinem Lebensende Freunde und Unterstützer. Wichtig bleibt festzuhalten, dass es Fried in Wien endlich gelingt, sich gesellschaftlich zu etablieren und auch finanziell zumindest einigermaßen über die Runden zu kommen.

Die beste Zeit seines Lebens erlebt Fried wohl in den letzten Jahren vor dem ersten Weltkrieg: Als er 1911, als jüngster Preisträger, den halben Nobelpreis zugesprochen bekommt, scheint der „Schlamm" seiner Kindheit endlich für immer hinter ihm zu liegen. Fried legt den größten Teil seines neuen Vermögens in österreichischen Wertpapieren an, zieht in eine größere Wohnung und leistet sich nun sogar eine mehrsprachige Sekretärin, die ihm bald eine unentbehrliche Stütze wird.

1913 erfüllt sich dann auch noch sein letzter großer Wunsch – die akademische Anerkennung. Der gescheiterte Gymnasiast bekommt anlässlich der Einweihung des Friedenspalastes in Den Haag zusammen mit Tobias Asser, Louis Renault und Elihu Root (alle nicht nur Friedens-Nobelpreisträger, sondern auch studierte Juristen und erprobte Staatsmänner) den Ehrendoktortitel der Staatswissenschaften der Universität Leyden in Holland verliehen. Damit steht Fried 1913 auf dem Gipfelpunkt seines Lebens. Er ist jetzt ein international angesehener Mann mit akademischem Rang und ohne finanzielle Sorgen.

Die Freude währt nicht lange. Während die österreichische Friedensgesellschaft mit Fried und Suttner an der Spitze den großen Wiener Weltfriedenskongress für September 1914 vorbereitet, verdüstert sich die europäische Großwetterlage immer weiter. Dazu kommt eine schwere Erkrankung Bertha von Suttners, an der die 70-Jährige im Juni 1914 stirbt. Für Fried ist das ein herber Schlag. Er verliert mit Bertha von Suttner eine wichtige Vertraute – und er erbt von ihr nicht nur ihren gesamten schriftlichen Nachlass, sondern auch die Verantwortung für den Friedenskongress und die Leitung der ÖFG.

Es scheint, als habe die ganze Arbeit und die Trauer um Bertha von Suttner Fried in diesen entscheidenden Wochen ein Stück weit von den politischen Entwicklungen abgelenkt, denn er wird von den Ereignissen ganz offensichtlich überrumpelt. Noch bis Ende Juli gehen die österreichischen Pazifisten davon aus, dass der Weltfriedenskongress in Wien stattfinden wird. Man hofft auf eine kurze politische Krise ohne weitreichendere Folgen. Erst am 30. Juli, als der Krieg schon begonnen hat, beschließt man, den Kongress endgültig abzusagen. Damit ist die aufreibende Arbeit von Monaten mit einem Schlag wertlos. Die ÖFG stellt ihre Arbeit ein.

Fried überlegt einen Moment, auch die Herausgabe der „Friedens-Warte" bis Kriegsende einzustellen, doch dann entscheidet er sich anders: Er glaubt, dass „Die Friedens-Warte" nötig ist, um

[...] den zahlreichen in ihrer Weltanschauung erschütterten Pazifisten eine Direktive zu geben, und auch den durch den Krieg erst zum Pazifismus Erwachenden einen Anhalt zu bieten.

Darin sieht er nun den Zweck seiner Zeitschrift. Er beginnt ein Kriegstagebuch, in dem er die politischen Ereignisse kommentiert und das u. a. auch von Erich Mühsam gelesen wird. Der notiert am 14. Oktober:

> Ich las in diesen Tagen das neueste Heft der „Friedenswarte", worin A. H. Fried seinem bedrängten Herzen über den Krieg in einem für Fortsetzungen angelegten Kriegstagebuch Luft macht. Seine aus Selbstgefälligkeit und Weinerlichkeit zusammengesetzte, eines persönlichen Stils und erfinderischen Ausdrucks ganz bare Schreibweise gefällt mir nicht, noch weniger sein pazifistischer Wahn, zwischenstaatliche Vermittlungen seien imstande, Kriege zu verhindern.[3]

Drei Wochen später schreibt er über die neueste Ausgabe schon gnädiger:

> Sein Zeitungsdeutsch ist unausstehlich, seine Gedanken abgedroschen und so unproduktiv wie der ganze Pazifismus der „zwischenstaatlichen Organisation". Aber hier und da hat er gute Einfälle.[4]

Die Herausgabe der „Friedens-Warte" im Krieg führt schnell zu Problemen, da Fried als verantwortlicher Redakteur in Wien sitzt, die Zeitschrift aber nach wie vor in Berlin gedruckt wird. Kriegsbedingt wird die Kommunikation mit Berlin immer schwieriger, zudem setzt bald eine zunehmend schärfer werdende Zensur ein.

Fried entschließt sich daher, mit seiner Zeitschrift in die Schweiz zu gehen – um den Überblick über die Ereignisse zu behalten und zugleich an Überlegungen und Vorbereitungen für einen künftigen nachhaltigen Friedensschluss mitwirken zu können. Er lässt sich in Bern nieder, wo nicht nur das internationale Friedensbüro, sondern auch die europäischen Gesandtschaften ihren Sitz haben, und hofft, hier möglicherweise sogar am Ort der künftigen Friedensverhandlungen zu sein.

„Die Friedens-Warte" erscheint nun unter dem Titel „Blätter für zwischenstaatliche Organisation" im Züricher Verlag Orell Füssli. Erich Mühsam notiert am 14.8.1915 erstaunlich positiv:

> Fried setzt in den „Blätter für zwischenstaatliche Organisation" seine vortrefflichen Tagebuchaufzeichnungen fort. Ausgezeichnet sind im letzten Heft seine Ausführungen über die amerikanischen Munitionslieferungen.

Allerdings beklagt er auch:

> Wegen des von den Pazifisten und von Fried selbst fortgesetzten Mißbrauchs des Worts Anarchismus als Kennzeichnung staatsdiplomatischer Verfahrenheiten ha-

---

3 Erich Mühsam, Tagebuch Heft 12, Eintrag vom 14.10.1914,
  http://www.muehsam-tagebuch.de/tb/diaries.php
4 Ebd., Heft 12, Eintrag vom 8.11.1914.

be ich an Fried einen verwahrenden Brief geschrieben. Man soll ein gutes Wort nicht für eine schlechte Sache gebrauchen. Auch sollen die, die jetzt bei aller Verschiedenheit der Weltanschauungen am gleichen Strang ziehn, sich nicht gegenseitig ärgern.[5]

Ob Fried den Brief jemals erhalten hat, ist unklar. In seinem Nachlass findet er sich nicht.

International gesehen gelingt es Fried in der Schweiz, sein Ansehen und das der „Friedens-Warte", die er ab 1916 aus eigener Tasche finanziert, in den Kriegsjahren zu bewahren und sogar zu steigern: Er veröffentlicht mehrere Werke, schreibt zahllose Artikel zu Friedensthemen in der Neuen Züricher Zeitung und beteiligt sich intensiv an den Planungen für einen künftigen dauerhaften Frieden. In Deutschland und Österreich gilt er dagegen als Vaterlandsverräter. Schon 1916 wird „Die Friedens-Warte" dort verboten und kann dorthin nur noch mit Deckumschlägen heimlich eingeschmuggelt werden. In Österreich leitet man zur selben Zeit sogar eine Untersuchung wegen Hochverrats gegen Fried ein.

Aber auch als endlich wieder Frieden herrscht, ist das für Fried kein Grund zum Jubeln. Schnell wird klar, dass niemand vor hat, die Pazifisten und ihre Überlegungen bei den Friedensverhandlungen mit einzubeziehen. Im Gegenteil stehen gerade die Exilanten nun noch weiter am Rande der Gesellschaft. Fried trifft das besonders hart, denn auch sein kleines Vermögen in österreichischen Wertpapieren ist verloren. Verzweifelt schreibt er im Sommer 1919 an die Künstlerin Annette Kolb:

> Vielleicht wissen Sie einen Reichen, der [...] den Nobelpreis (aus zweiter Hand; second hand, von Herrschaften abgelegt) erwerben möchte. Er braucht mir nur die Kronen pari zu bezahlen. Dann kann er sich auf die Visitenkarte drucken lassen: „Inhaber eines Nobelpreises."

Im Februar 1920 bittet Fried in München um Zuzugsgenehmigung, da er sich den weiteren Aufenthalt in der Schweiz nicht mehr leisten kann. Doch noch während sein Gesuch bearbeitet wird, tritt die sozialdemokratische Regierung zurück und wird von einer konservativ-monarchischen abgelöst. Der Antrag wird damit aussichtslos. Erich Mühsam notiert dazu am 11. Juli:

> Ein Zeichen der Zeit, in der wir besonders in Baiern, leben: Jüngst beabsichtigte Alfred H. Fried, der Träger des Friedenspreises der Nobelstiftung, nach München zu ziehn. Ihm wurde die Einreiseerlaubnis nach Baiern verweigert. Jetzt hat Ludendorff sich ein Haus in Ludwigshöhe b. München gekauft.[6]

Fried dagegen muss mit seiner Frau widerstrebend an den einzigen Ort zurückkehren, wo er nicht ausgewiesen werden kann: nach Wien. Aber auch in Wien

---

5 Ebd., Heft 14, Eintrag vom 14.8.1915.
6 Ebd., Heft 25, Eintrag vom 11.7.1920.

gibt es in dieser Zeit keine Wohnungen und keinen Platz für Emigranten. Nur durch freundliche Vermittlung kommen die Frieds bis Jahresende in einem Gartenhaus am Wiener Stadtrand unter, das eigentlich für Mitglieder der Frauenfriedensbewegung reserviert ist.

Fried wird im Nachkriegs-Wien nicht mehr heimisch. Viele der alten Freunde und Bekannten sind tot, andere haben sich von der Friedensbewegung abgewendet. Lediglich im Kreise der Freimaurer findet Fried noch freundliche Aufnahme. Eine Weile hofft er auf den Erfolg einer Initiative von Otto Lehmann-Russbüldt in Berlin, der ihn als ständigen Beobachter beim Völkerbund in Genf vorschlägt. Doch daraus wird nichts.

Auch Arbeit als Journalist findet er kaum. Dabei steckt Fried immer noch voller Ideen: Er möchte seine gesammelten Schriften herausgeben und beginnt eine Autobiographie unter dem Titel „30 Jahre Pazifismus", von der bis zu seinem Tod aber nur das erste Kapitel fertig und später posthum veröffentlicht wird.

Im Herbst 1920 versucht er, sein persönliches Archiv und den Nachlass Bertha von Suttners für 10.000 bis 15.000 Dollar an amerikanische Gönner zu verkaufen und schreibt:

> Diese Summe würde mich in die Lage setzen, endlich zu einem Wohnsitz zu gelangen und mich meinen Arbeiten sorglos widmen zu können. Da eine Wohnung nicht zu finden ist, möchte ich eben, am liebsten in der Schweiz, ein kleines Haus kaufen können. Dort würde ich auch das Archiv auspacken und katalogisieren können.

Der Verkauf kommt nicht zustande.

Frieds Lage ist trostlos: Im Dezember 1920 hat er noch keine neue Bleibe gefunden – Obdachlosigkeit droht. Kurz vor Weihnachten erkrankt der verzweifelte Fried an einer Lungenentzündung, arbeitet aber trotzdem fieberhaft weiter.

Nach mehreren Zeitungsaufrufen findet sich in den letzten Tagen des Jahres doch noch eine kleine Wohnung in der Praterstraße, einer Durchgangsstraße in der Leopoldstadt, nicht weit von dem Ort, an den seine Eltern nach dem Börsenkrach 1873 verarmt zurückkehren mussten. Man kann sich die psychologische Wirkung auf Fried sicher vorstellen.

Kurz vor dem geplanten Umzug wird er am 14. Januar mit typhöser Bronchitis und Lungenentzündung ins Rudolfspital eingewiesen. Fast vier Monate bleibt er dort. Die Krankheit verläuft in Schüben: Mal geht es ihm so gut, dass er schon wieder zu arbeiten beginnt, dann folgen drastische Rückfälle. Schließlich stirbt er am 4. Mai nach einer deutlichen Besserung für seine Umgebung völlig überraschend an einer Lungenblutung.

Die Wohnung in der Praterstraße hat er nie betreten. Seine Frau Therese wohnt dort bis zu ihrem Tod 1957. Seinem Wunsch gemäß wird Fried in Gotha eingeäschert und Jahre später, nach dem Bau des Wiener Krematoriums, dort in einer Nische beigesetzt.

Frieds Frau Therese bleibt mit dem Nachlass und einem Schuldenberg zurück. Die finanzielle Not zwingt sie schon bald, Frieds umfangreiche Bibliothek zu verkaufen. Sie geht an die Hoover War Library der Universität Stanford in Kalifornien, wo sie bis heute ist.

Den Nachlass ihres Mannes und Bertha von Suttners verwahrt Therese dagegen noch zehn Jahre, bis sie sich 1931, gerade noch rechtzeitig, entschließt, ihn an das Archiv des Völkerbundes in Genf zu verkaufen. In seinem Testament hatte Fried verfügt, den Nachlass vor einem Verkauf durchzusehen und alle unwesentlichen Dokumente auszusortieren. Dort heißt es:

> Die Familienbriefe, Rechnungen und sonstiges nicht allgemein interessierendes Material ist am besten zu vernichten.

Doch diese Durchsicht geschieht nicht mehr – zum Glück für heutige Forscher. Die wenigen Stücke, von denen Therese sich nicht trennen kann, gehen nach ihrem Tod an Frieds Neffen Berthold Simonsohn, den Sohn seiner jüngsten Schwester, und seiner Frau Trude in Frankfurt, wo sie bis 2002 verwahrt werden. Durch meine Forschungen und den Kontakt zu Frau Simonsohn ist es gelungen, auch diesen Rest dem Nachlass in Genf zuzuführen, und heute sind nur noch die Nobelpreismedaille und Frieds Siegelring im Besitz der Familie.

Schon dieser Nachlass Frieds mit seinen mehr als 90 Boxen ist eine nahezu unerschöpfliche Quelle für heutige Forscher. Fried korrespondierte mit allen führenden Pazifisten seiner Zeit; Albert Südekum, Rudolf Goldscheid, Hans Wehberg, Heinrich Lammasch, Walter Schücking, Annette Kolb und Rene Schickele gehörten zu seinen Freunden, aber sie werden auch Namen finden wie August Bebel, Alfred Dreyfus, Otto Ernst, Ludwig Fulda, Clara Zetkin oder Julius Hart.

Ebenso ein Schatz verbirgt sich in seinen zahlreichen Werken, und nicht nur für die historische Friedensforschung. Auch wenn die Weltlage heute nicht mehr mit der Zeit vor dem ersten Weltkrieg vergleichbar ist – ich glaube, dass viele Ideen und Ansätze Frieds bis heute aktuell geblieben sind. Fried glaubte

- an ein einiges Europa,
- an die zwingende Kraft eines verbindlichen internationalen Rechts,
- an die Notwendigkeit einer starken, unzensierten Friedenspresse und
- an eine Menschheit, die irgendwann einmal erkennen würde, dass sie z u s a m m e n viel mehr erreichen kann als gegeneinander.

Das bleibt sein Vermächtnis an uns.

Barbara Heller

„Frauen im Kampf für den Frieden"
Traditionslinien und aktuelle Herausforderungen

Ich beginne meinen Beitrag damit, einen Überblick über die aktuelle Friedensbewegung zu geben. Ich werde die verschiedenen Aktivitäten sowohl im Hinblick auf ihre thematischen Schwerpunkte als auch auf Hauptakteure vorstellen. Mein Blick ist subjektiv und leitet sich aus meiner konkreten friedenspolitischen Arbeit ab. Ich beschreibe vorrangig die Situation in der BRD, verweise aber auch auf europäische oder internationale Vernetzungen.

Im zweiten Teil gehe ich auf die Rolle der Frauen in der heutigen Friedensbewegung ein und versuche Kontinuitäten und Veränderungen zu benennen.

Teil 1

Die weltweit größte Friedensbewegung ist die **Bewegung gegen Atomwaffen**. Seit den US-Atombombenabwürfen auf die Städte Hiroshima und Nagasaki im August 1945 engagieren sich Menschen gegen Atomwaffen. Ein Rückblick:

1950 rief der **Stockholmer Appell** zur Ächtung der Atombomben auf. Der erste Satz des Appells lautete: *Wir fordern das absolute Verbot der Atomwaffe als einer Waffe des Schreckens und der Massenvernichtung der Bevölkerung.* Der Appell wurde weltweit von 500 Millionen Menschen unterzeichnet.

Auch der **Atomwaffensperrvertrag** war anfangs eine Hoffnung der Atomwaffengegner. 1968 unterzeichneten die USA, die SU und GB als erste Staaten den Atomwaffensperrvertrag, der 1970 in Kraft trat. Heute haben ihn 191 Staaten unterzeichnet.

In Japan gibt es seit 1945 eine vielseitige Bewegung. 1982 hat der damalige Bürgermeister von Hiroshima die Organisation der Bürgermeister für den Frieden/**mayors for peace** ins Leben gerufen. Aus der grundsätzlichen Überlegung heraus, dass Bürgermeisterinnen und Bürgermeister für die Sicherheit und das Leben ihrer Bürgerinnen und Bürger verantwortlich sind, versucht die Organisation „mayors for peace" durch Aktionen und Kampagnen die weltweite Verbreitung von Atomwaffen zu verhindern und deren Abschaffung zu erreichen. Heute gibt es 7.632 Mitgliedsstädte auf allen Erdteilen. In den USA sind es derzeit 320 Städte, in Europa 2.916, in der Bundesrepublik 550, in Asien über 3.000. Der Bürgermeister von Hannover – Hannover ist die Partnerstadt von Hiroshima – ist bundesdeutscher Schirmherr der „mayors for peace".

Der **Krefelder Appell** von 1980 war ein Aufruf der westdeutschen Friedensbewegung an die damalige Bundesregierung, die Zustimmung zur Stationierung neuer atomarer Mittelstreckenraketen in Europa (NATO-Doppelbeschluss) zurückzuziehen und innerhalb der NATO auf eine Beendigung des atomaren Wettrüstens zu drängen. Er wurde bis 1983 von über vier Millionen Bundesbürgern unterzeichnet.

Zwei große Berufsgruppen haben sich seit Jahrzehnten dem Kampf gegen Atomwaffen verschrieben: **IPPNW** – Internationale Ärzte gegen den Atomkrieg/Ärzte in Sozialer Verantwortung – und **IALANA** – Internationale Juristen gegen Atomwaffen. IPPNW wurde dafür bereits 1985 mit dem Friedensnobelpreis ausgezeichnet.

In der Erkenntnis, dass der Atomwaffensperrvertrag bisher nicht dazu geführt hat, dass sich die Atomwaffenstaaten in Richtung auf eine atomwaffenfreie Welt bewegen, haben IPPNW, IALANA, das Internationale Rote Kreuz und Hunderte von zivilgesellschaftlichen Organisationen im Jahr 2007 die Organisation **ICAN** gegründet – die Internationale Kampagne für das Verbot der Atomwaffen, die 2017 den Friedensnobelpreis erhielt. 2017 haben 122 Staaten der Erde in der UNO dem Verbotsvertrag zugestimmt, der jetzt in den einzelnen Ländern ratifiziert werden muss. Die Antiatombewegung in Deutschland fordert von der Bundesregierung, den Verbotsvertrag zu unterzeichnen.

Weltweit gibt es etwa 15.000 Atombomben, 90 % davon im Besitz der USA und Russlands. Atomwaffenstaaten sind außerdem Frankreich, Großbritannien, China, Indien, Pakistan, Nordkorea und Israel.

In der Bundesrepublik sind US-Atomwaffen gelagert, ebenso wie in einer Reihe anderer Länder, die selbst nicht Atomwaffenstaaten sind, z. B. in Italien, Belgien und in der Türkei. Bei uns lagern etwa 20 Atombomben in **Büchel** in der Eifel, ihr Abwurf wird von Bundeswehrsoldaten mit Tornados geübt. Diese so genannte nukleare Teilhabe verstößt aus Sicht der Friedensbewegung gegen den Atomwaffensperrvertrag. Schon seit Obama ist die Modernisierung der Atomwaffen geplant. Milliarden US-Dollar sollen dafür ausgegeben werden und auch der deutsche Steuerzahler soll für die Anpassung der Tornados an die neue Waffentechnik viel Geld bezahlen. Inzwischen hat auch die russische Regierung die Modernisierung ihres Atomwaffenarsenals angekündigt. Über den Einsatz der US-Atomwaffen kann der US-Präsident, zurzeit Donald Trump, alleine entscheiden.

Gegen die Atomwaffen in Büchel gibt es seit Jahren Aktionen des zivilen Widerstands. Die Bundesregierung wird aufgefordert, von den USA den Abzug der Atomwaffen zu verlangen. Es ist eine Frau, Marion Küpker, die für die **„Gewaltfreie Aktion Atomwaffen abschaffen"** (GAAA) in den letzten Jahren vor Ort ist und die 20-wöchigen Proteste koordiniert. In diesem Jahr besonders hervorzuheben: ein Gottesdienst mit dem Friedensbeauftragten der Evangelischen Kirche Deutschlands und neben vielen Einzelblockaden eine Blockadeaktion aller drei Zugangstore, die den Fliegerhorst mehr als drei Stunden lahmlegte.

Im Kampf gegen Atomwaffen spielen Frauen eine besondere Rolle, wenn es um Mut und Unerschrockenheit geht. In den USA gibt es eine ganze Reihe von Frauen, die durch Aktionen des zivilen Widerstands juristische Verfolgung erlitten haben. 2017 ist es zwei US-amerikanischen Nonnen aus dem Orden der Dominikanerinnen, Carol Gilbert und Ardeth Platte im Rahmen einer internationalen Protestaktion gelungen, das schwergesicherte Areal des Fliegerhorstes in Büchel zu betreten. In den USA haben beide jeweils siebeneinhalb Jahre im Gefängnis gesessen wegen ihrer Aktionen gegen Atomwaffen und für die Bewahrung der Schöpfung.

Kampf gegen US-Militärbasen

Die USA betreiben etwa 1.000 Militärbasen außerhalb ihres eigenen Territoriums. Dagegen gibt es eine international vernetzte Bewegung.

Die Bundesrepublik Deutschland ist wegen der weltweit einmaligen Häufung von US-Militärbasen und der zahlreichen hochkarätigen US- und NATO-Kommandozentralen auf ihrem Territorium in alle völkerrechtswidrigen Angriffskriege der USA und der NATO verstrickt, obwohl nach Artikel 26 des Grundgesetzes *„Handlungen, die geeignet sind und in der Absicht vorgenommen werden, das friedliche Zusammenleben der Völker zu stören, insbesondere die Führung eines Angriffskrieges vorzubereiten"* verfassungswidrig und mit Strafe bedroht sind.

Das Pentagon hat den Erdball in sechs Regionalkommandos aufgeteilt. Vier der US-Regionalkommandos sind in den USA angesiedelt. Nur zwei residieren außerhalb der Vereinigten Staaten und zwar beide in der Bundesrepublik Deutschland: EUCOM und AFRICOM, beide in Stuttgart. Das Hauptquartier der U.S. Air Force in Europa ist auf der US-Air Base Ramstein bei Kaiserslautern. Die Air Base Ramstein ist das größte Luftdrehkreuz der US-Streitkräfte außerhalb der Vereinigten Staaten und die größte, verkehrsreichste, beste und eine der wichtigsten, wenn nicht die wichtigste Militärbasis der Welt. In Ramstein werden monatlich ca. 30.000 Militär- und Zivilpassagiere abgefertigt. Jeden Monat werden über 900 Tonnen Bomben, Raketen und Geschosse für die US-Kampfjets in den Irak und nach Afghanistan geliefert. Von der Relaisstation Ramstein aus wird der US-Drohnenkrieg in Asien und Afrika gesteuert. Drohnenmorde sind extralegale Hinrichtungen, es gibt keine öffentlichen Informationen, keinen Prozess, keine Verurteilung. Zivile Opfer sind in der Mehrzahl.

Seit einigen Jahren gibt es Aktionstage gegen die Airbase Ramstein. Die internationale Vernetzung der Gegner*innen der US-Militärbasen wird intensiver. Die US-amerikanische Friedensorganisation **Code Pink** unterstützt die Proteste in

Deutschland. „Code Pink" ist eine pazifistische Bürgerrechtsbewegung, die hauptsächlich von Frauen getragen wird. Sie gründete sich 2002 und mobilisierte mehrmals zum Internationalen Frauentag am 8. März zu Friedensdemonstrationen.

Die kontinuierlichste Unterstützung aus den USA bei den Ramstein-Protesten leistet seit Jahren Ann Wright. Sie war Oberst der US-Armee und hat 2003 aus Protest gegen den Irak-Krieg ihren Dienst quittiert. Seitdem unterstützt sie als Friedensaktivistin Antikriegsaktionen in vielen Ländern. An einem Internationalen Kongress gegen US-Militärbasen nahmen in diesem Jahr Teilnehmer*innen aus Italien, Großbritannien, Estland, Schweden, Südkorea und Japan teil.

Sowohl die Antiatombewegung als auch die Anti-US-Airbasenbewegung sind eng verknüpft mit der **Anti-NATO-Bewegung**. Anlässlich der NATO-Tagungen kommt es regelmäßig zu großen Protesten, zuletzt in Brüssel im Juli 2018, wo Tausende unter der Losung „Ja zum Frieden – Nein zur Nato!" demonstrierten.

Aktueller Anlass der Proteste gegen die NATO ist die Forderung an die Mitgliedstaaten, ihre Rüstungsausgaben auf 2 % des Bruttoinlandproduktes (BIP) zu erhöhen. Die Mitglieder haben dieser Forderung zugestimmt. Für die Bundesrepublik bedeutet das eine Erhöhung der Ausgaben von jetzt 34 Milliarden auf etwa 70 Milliarden pro Jahr. Inzwischen fordert Trump bereits eine Erhöhung auf 4 % des BIP. Dagegen beginnt sich eine Bewegung unter dem Motto „Abrüsten statt Aufrüsten" zu entwickeln. Inzwischen haben mehr als 80.000 eine Unterschriftenliste dazu unterzeichnet, der Deutsche Gewerkschaftsbund und die Gewerkschaft ver.di unterstützen den Aufruf. Friedensinitiativen in vielen Orten sammeln Unterschriften. Statt Geld für Krieg und Zerstörung auszugeben, soll es für Soziales, Bildung, Gesundheit und Infrastruktur verwendet werden.

Ich will noch zwei aktuelle Themen der Friedensbewegung nennen. Das eine ist die **Bewegung gegen Rüstungsproduktion und Rüstungsexport**. Deutschland gehört zu den fünf größten Waffenexporteuren der Welt. 60 % ihrer Lieferungen gingen 2017 in nicht EU- und NATO-Staaten, sondern in Krisen- und Kriegsregionen, allen voran Saudi-Arabien.

Die „**Aktion Aufschrei**" hat bundesweite Bekanntheit erreicht. Seit 2011 gibt es diesen Zusammenschluss von über 100 Organisationen der Friedens- und Entwicklungszusammenarbeit. Die bekanntesten sind die DFG/VK, IALANA, IPPNW, Brot für die Welt, Misereor und Pax Christi. Die aktuelle Kampagne läuft unter dem Motto: Grenzen öffnen für Menschen – Grenzen schließen für Waffen.

Die Aktionen gegen Waffenexporte richten sich oft auch direkt gegen die Waffenschmieden, aktuell z. B. gegen Rheinmetall, das Panzer an die Türkei liefert für deren völkerrechtswidrigen Krieg gegen die Kurden und gegen Syrien. Das

Bremer Friedensforum macht regelmäßig Aktionen gegen die Bremer Rüstungsbetriebe wie Rheinmetall, die Lürssen-Werft, EADS/Airbus und andere. Die älteste deutsche Friedensorganisation ist die 1892 gegründete DFG (Deutsche Friedensgesellschaft) heute DFG/VK (Vereinigte KriegsgegnerInnen). Gründungsmitglieder waren Bertha von Suttner und Alfred Hermann Fried. Die **DFG/VK** unterstützte die **Kriegsdienstverweigerer,** solange es die Wehrpflicht gab. Heute ist sie in vielen Bündnissen der Friedensbewegung aktiv und vertritt ihre pazifistischen Ziele, die sich vor allem gegen die Bundeswehr und gegen Rüstungsproduktion und Rüstungsexport richten.

Die DFG/VK arbeitet zusammen mit der internationalen Organisation **Connection e.V.**, die Menschen unterstützt, die den Kriegsdienst in ihren Ländern verweigern oder aus ihren Armeen **desertieren.**

Es gibt im Wesentlichen drei Koordinationsgremien der Friedensbewegung in der BRD:

- **Friedenskooperative**, Bonn
- **Bundesausschuss Friedensratschlag**, Kassel
- **Kooperation für den Frieden**, Berlin

Nach wie vor gibt es die jährlichen Aktionstage der Friedensbewegung: die **Ostermärsche**, die Gedenkveranstaltungen zu **Hiroshima** und die Veranstaltungen zum **1. Sept.**, zum **Antikriegstag**.

Trotz der Netzwerke, trotz des großen Wissens, das bei den langjährig Aktiven der Friedensbewegung vorhanden ist, fehlt es an Mobilisierungskraft. Obwohl die Mehrheit der Bevölkerung – wie Meinungsumfragen immer wieder belegen – übereinstimmt mit den zentralen Forderungen der Friedensbewegung wie: *Nein zu Auslandseinsätzen der Bundeswehr, Nein zu Waffenexporten, Nein zu Atomwaffen,* lässt sich diese Haltung zurzeit nicht ausreichend in Beteiligung an Protestaktionen umsetzen.

Besonders traurig ist, dass sich junge Menschen kaum für die Friedensfrage mobilisieren lassen. Ganz anders in der Frage der Solidarität mit Geflüchteten und bei Aktionen gegen Nazis.

Teil 2

Und wie sieht es mit den Frauen aus? Ich komme zum zweiten Teil meines Vortrages: Welche Rolle spielen Frauen in der aktuellen Friedensbewegung? Gibt es Kontinuitäten seit Bertha von Suttner? Welche konkreten Erfahrungen machen Frauen heute in der Friedensbewegung? Zunächst ein Rückblick: Nach dem 2. Weltkrieg war für kurze Zeit die Antikriegshaltung der gesamten Bevölkerung hegemonial. Wie wir wissen, dauerte das nicht lange. Der Kalte Krieg zwischen der NATO auf der einen und dem Warschauer Pakt auf der anderen Seite führte zu Aufrüstung auf beiden Seiten, zum Gleichgewicht des Schreckens.

Schon bald nach 1945 gab es wieder eine Friedensbewegung, die an die Erfahrungen, Organisationsstrukturen und Aktionsformen der Friedensbewegung und speziell der Frauenfriedensbewegung vor und nach dem 1. Weltkrieg anknüpfte. Bertha von Suttner, Clara Zetkin, Rosa Luxemburg, Anita Augspurg und Lida Gustava Heymann, um nur einige Namen zu nennen, inspirierten die neu entstehende Frauenfriedensbewegung.

1952 hatte sich die **Westdeutsche Frauenfriedensbewegung** (WFFB) gegründet, Ergebnis eines Frauenfriedenskongresses im rheinischen Velbert, an dem fast 1.000 Frauen teilgenommen hatten. Präsidentin war Klara-Marie Fassbinder. In allen Bundesländern gab es Organisationsstrukturen. Vor kurzem konnte ich mit der damaligen Bremer Landesvorsitzenden Gerda Gonsior, damals Konjetzni, sprechen. Sie berichtete, wie sie als junge Frau nach Bremen kam, nach den Erfahrungen von Krieg und Faschismus auf der Suche nach einer Form, wo sie sich persönlich und politisch einbringen konnte. Die Frauenfriedensbewegung gab ihr das Thema, Kraft, Ermutigung und die Erfahrung von solidarischem Handeln. Noch heute berichtet sie eindrucksvoll von den großen internationalen Kongressen und vor allem von den Friedensmärschen, die sie mitorganisiert hat und an denen sie teilgenommen hat. Die Frauenfriedensbewegung gab Frauen in einer Zeit, in der Parteien und politische Organisationen insgesamt von Männern dominiert wurden, die Möglichkeit politisch zu arbeiten, ohne den großen Konkurrenzdruck durch die Männer, und sich persönlich und politisch zu emanzipieren. Die WFFB wurde verfolgt als „kommunistische Tarnorganisation" und immer mehr in ihren Möglichkeiten eingeschränkt.

Nach einem Rückgang der Frauenfriedensbewegung in den 60er Jahren gab es Ende der 60er – Stichworte: Ende des Kalten Krieges, Entspannungspolitik, Studentenbewegung, Anti-Notstandsbewegung und Anti-Vietnamkriegsbewegung und erfolgreiche Gewerkschaftskämpfe – neuen Schwung und neue Hoffnungen. 1973 veröffentlichten Prof. Klara-Marie Fassbinder, Prof. Uta Ranke-Heinemann, die Schriftstellerinnen Marie-Luise Kaschnitz und Luise Rinser zusammen mit 3.800 Frauen einen Aufruf zur Senkung der Rüstungsausgaben. Sie waren damit Vorläuferinnen der Antinachrüstungsbewegung der späten 70er und der 80er Jahre. Als die Debatte um die Rekrutierung von Frauen für die Bundeswehr begann, unterzeichneten 60.000 Frauen den Aufruf „**Frauen in die Bundeswehr – wir sagen Nein**". Aus dieser Kampagne ging die Frauenfriedensbewegung gestärkt hervor.

Das Gedicht von Erich Kästner, „Fantasie von übermorgen", aus dem Jahr 1929 wurde in dieser Zeit bei vielen Anlässen vorgetragen und gesungen. Es gibt das Selbstbewusstsein und den Optimismus der Frauen der 70er und 80er Jahre wieder.

Fantasie von übermorgen

Und als der nächste Krieg begann,
da sagten die Frauen: Nein!
und schlossen Bruder, Sohn und Mann
fest in der Wohnung ein.
Dann zogen sie, in jedem Land,
wohl vor des Hauptmanns Haus
und hielten Stöcke in der Hand
und holten die Kerls heraus.
Sie legten jeden übers Knie,
der diesen Krieg befahl:
die Herren der Bank und Industrie,
den Minister und General.
Da brach so mancher Stock entzwei.
Und manches Großmaul schwieg.
In allen Ländern gab's Geschrei,
und nirgends gab es Krieg.
Die Frauen gingen dann wieder nach Haus,
zum Bruder und Sohn und Mann,
und sagten ihnen, der Krieg sei aus!
Die Männer starrten zum Fenster hinaus
und sahen die Frauen nicht an ...

Es gründeten sich Gruppen wie „Frauen für den Frieden", „Frauen gegen Militarismus und Krieg", „Frauen gegen Atom und Militär". Es gab Frauenveranstaltungen im Rahmen der Ostermärsche und es gab Frauen-Friedenscamps z. B. im Hunsrück 1983/84. Große internationale Frauenfriedenskonferenzen in Amsterdam (1981) und Prag (1983) gaben den Frauen Rückhalt und schufen Netzwerke. Die Friedensmärsche, z. B. 1981 von Kopenhagen nach Paris, waren Höhepunkte der Bewegung. Beteiligte Frauen berichteten:

> Wir luden Männer und Kinder ein mitzumachen, behielten aber die Organisation in unseren Händen. 3.500 km sind wir zwischen 1981 und 1983 bei diesen Märschen für ein Atomwaffenfreies Europa gelaufen. Beim ersten Marsch waren wir

500 Menschen, als wir in Kopenhagen losgingen, 10.000 als wir in Paris ankamen.

Eine atomwaffenfreie Erde bis zum Jahr 2000 war eins der hoffnungsvollen Ziele der Aktionen der 80er Jahre. Viele der Atomwaffen wurden aus Europa abgezogen, aber atomwaffenfrei ist die Erde noch längst nicht.

1985 fand die Weltfrauenkonferenz in Nairobi statt. Gleichberechtigung, Entwicklung und Frieden waren die zentralen Themen. Es war die Hochzeit der Friedens- und Solidaritätsbewegungen, die Frauenbewegung war stark. 14.000 Frauen kamen nach Nairobi. Neben den offiziellen Veranstaltungen, die oft steril und langweilig waren, wie Teilnehmerinnen berichteten, gab es das Frauen-Friedenszelt. Dort diskutierten die Frauen aus „verfeindeten" Lagern", Israel – Palästina, USA – SU, Iran und Irak, Frankreich und Südpazifik.

> Die egalitärste und unhierarchischste Veranstaltung, an der wir je teilgenommen haben,

urteilten Fasia Jansen und Ellen Diederich, beide wichtige Frauenfriedensaktivistinnen.

Auf eine Losung auf Transparenten bin ich bei meinen Recherchen mehrfach gestoßen: *„Der Krieg hat nicht das Gesicht der Frauen"*. In der Kunstgeschichte finden wir viele Gemälde, auf denen Frieden und Gerechtigkeit als schöne, junge Frauen dargestellt werden. Aber die obige Aussage stimmt auch heute noch. Fast alle Bilder, die wir von Kriegsschauplätzen in der ganzen Welt in den Medien sehen, zeigen Männer in Uniform und waffenstarrend. In nordischen und griechischen Mythen gibt es zwar die Walküren und die Amazonen, abseits von diesen Mythen gibt es vor dem 20. Jahrhundert aber nur wenige Beispiele von im Krieg kämpfenden Frauen, die historisch verbürgt sind. Eine davon war Jeanne d'Arc.

Auch die Spitzen der Bundeswehr sind nach wie vor männlich. Seit 2016 gibt es einen weiblichen General unter 180 männlichen Kollegen. Name und offizieller Titel: Generalarzt Dr. Gesine Krüger.

In den entwickelten kapitalistischen Ländern scheinen die Positionen zu Krieg und Frieden nicht mehr so eindeutig geschlechtsspezifisch zu sein. Männer sind mehr beteiligt an der Kindererziehung und die „Gleichberechtigung" der Frauen ist so weit fortgeschritten, dass Frauen zur Bundeswehr gehen. Seit 2001 stehen alle militärischen Laufbahnen in den Streitkräften auch Frauen offen. Frauen sind Kriegsministerinnen. Aktuell in Deutschland Ursula von der Leyen, in Frankreich Florence Parly, auch Spanien und Italien hatte bis vor kurzem Frauen auf diesem Posten. Ein besonders abschreckendes Beispiel einer mitleidlosen, menschenverachtenden Frau hat Madeleine Albright der Welt gegeben. Sie war von 1997–2001 Außenministerin der USA, als erste Frau auf diesem Posten. Als sie 1996 in einem Fernsehinterview gefragt wurde, ob das US-amerikanische Embargo gegen den Irak, das eine halbe Million Kinder das Leben gekostet habe, diesen Preis wert war, meinte sie lapidar:

> Es ist diesen Preis wert.

Trotz dieser abschreckenden Beispiele scheint es bis heute eine unterschiedliche Nähe der Männer und Frauen zu Militär und Krieg zu geben. Und das wird, wenn auch abgeschwächt, so bleiben, solange die Frauen die Kinder bekommen und sie stillen. Das ist die Basis für eine intensivere Beziehung der Frauen zu ihren Kindern und zu ihrem Wohl und Wehe, so, wie es Kurt Tucholsky (1890–1935) in seinem Gedicht „Für den Graben" geschrieben hat.

> Mutter, wozu hast Du Deinen aufgezogen,
> Hast Dich zwanzig Jahr' um ihn gequält?
> Wozu ist er Dir in Deinen Arm geflogen,
> Und Du hast ihm leise was erzählt?
> Bis sie ihn Dir weggenommen haben
> Für den Graben, Mutter, für den Graben!

Die seit den 80ern weltweite neoliberale Politik machte auch vor Deutschland nicht halt. Die großen Gewerkschaftskämpfe endeten oft mit Niederlagen. Auch die Friedensbewegung flaute in den 80er Jahren ab. Das Ende der SU und der DDR führte zum Rückzug vieler ehemalig Aktiver. Die Friedensbewegung hatte ihren großen Schwung verloren. Auch um die Frauenfriedensbewegung wurde es ruhig.

Ein bis heute nicht verkrafteter Schlag war die Beteiligung Deutschlands am Krieg gegen Jugoslawien, unter rot-grüner Regierung. Da wesentliche Teile der früheren Friedensbewegung zu diesem Tabubruch schwiegen, waren die Kriegsgegner*innen auf einmal marginalisiert. Das änderte sich noch einmal kurz mit der weltweiten Bewegung gegen den Irakkrieg. Als sich die USA mit ihren Verbündeten nicht um dieses Votum scherten, brach die Bewegung rasch zusammen und hinterließ eine größer gewordene Resignation. Jugoslawien war in der deutschen Außenpolitik ein Dammbruch. Seit damals führt Deutschland wieder Krieg und ist heute in etwa 15 Ländern an Kriegseinsätzen beteiligt.

Während friedenspolitische Aktionen in der Öffentlichkeit zurückgingen und, wo vorhanden, oft von den Medien ignoriert wurden, gibt es, allerdings auch sie kaum in der Öffentlichkeit wahrgenommen, eine ganze Reihe von **Friedensforschungsinstitute**n. Hier haben auch Männer und Frauen aus der Friedensbewegung Stellen bekommen. Um nur einige zu nennen: das Galtung-Institut für Friedenstheorie und Friedenspraxis, das Heidelberger Institut für Internationale Konfliktforschung und die Hessische Stiftung Friedens- und Konfliktforschung.

Auch Frauenfriedensinstitutionen entstanden neu oder wurden wiederbelebt. Die 1919 gegründete **„Internationale Frauenliga für Frieden und Freiheit"** (IFFF) ist heute in mehr als 40 Ländern vertreten, sie besitzt Beraterstatus bei der UNO und hat Büros in Genf und in New York.

Die IFFF verleiht seit einigen Jahren den **Anita-Augspurg-Preis** in Verden an der Aller (dem Geburtsort von Anita Augspurg). 2018 erhielt den Preis Gulnara Shahinian, eine Armenierin, die Vorsitzende der Armenischen Frauenunion ist, in verschiedenen Frauengremien der UNO sitzt und sich in ihrem Land für Demokratie und Frauenrechte einsetzt.

Mitte der 90er Jahre entstand das **Frauennetzwerk für Frieden.**

Seit den 90ern gibt es das **FrauenFriedensArchiv Fasia Jansen** in Oberhausen.

Teile der Frauenfriedensbewegung widmeten sich speziellen Aspekten in Kriegen, unter denen Frauen besonders litten. Die Frage der Vergewaltigung als Kriegswaffe wurde in großem Umfang dokumentiert und schließlich vor der UNO als Kriegsverbrechen anerkannt. Andere Frauen widmeten sich der humanitären Hilfe in den Kriegsgebieten.

Die **UN-Resolution 1325, „Women, peace and security"** aus dem Jahr 2002, verlangt von den Vereinten Nationen, den Regierungen und von nichtstaatlichen Kriegsparteien umfassende Maßnahmen zur Gewaltprävention und Strafverfolgung der Täter. Gefordert wird die verbesserte Partizipation von Frauen an Friedensverhandlungen und die Integration von Frauenbelangen in das Mandat der UN-Friedensmissionen.

So wichtig die Beteiligung von Frauen an diesen Prozessen ist, so ist doch nicht zu übersehen, dass auf dem Weg durch die Institutionen viel Frauenpower gebunden wird und konkrete Fortschritte kaum oder gar nicht festzustellen sind.

Die Friedensforschungsinstitute und die Frauenfriedensorganisationen verlieren oft ihren Biss und büßen ihre radikale Ablehnung aller Kriege ein, wenn sie sich auch über Staatsgelder finanzieren müssen. So scheint es mir mehr als fragwürdig, wenn sich das Frauenfriedensnetzwerk zu seiner 20-Jahrfeier eine Laudatorin einlädt, die für die Partei „Die Grünen" im Europa-Parlament sitzt, einer Partei also, die seit 1998 praktisch allen bundesdeutschen Kriegseinsätzen im Bundestag zugestimmt hat.

Zusammenarbeit zwischen den Friedensforschungsinstituten, auch denen der Frauen, mit der Friedensbewegung der Aktion findet praktisch nicht statt. Ein Beispiel dafür ist die Verleihung des Frauenfriedenspreises in Verden. Verden liegt vor den Toren Bremens. Das Bremer Friedensforum, speziell die beiden Sprecherinnen – obwohl mit website und in den sozialen Medien beispielhaft präsent –, wurden weder informiert noch eingeladen und erfuhren erst aus der Lokalpresse von dem Event.

Ein Teil der Friedensbewegung hält an einer radikalen Kritik der Kriege fest und fragt nach den Kriegsverursachern, ihren Interessen und Motiven. Das tat schon Bertha von Suttner:

> Welches sind die Faktoren, die die Rüstungsschraube in Bewegung setzen? Sind es die Völker, die danach verlangen? Mitnichten! Der Anstoß, die Forderung kommt immer aus dem Kriegsministerium mit der bekannten Begründung, dass andere Kriegsministerien vorangegangen sind, und der zweiten Begründung, dass man von Gefahr und Feinden umgeben ist. Das schafft eine Atmosphäre der Angst, aus der heraus die Bewilligungen erwachsen sollen. Und wer ist tätig, diese Angst zu verbreiten? Wieder die militärischen Kreise ... Hinter den militärischen Kreisen stehen zwei mächtige Hilfskolonnen: die ganze Kriegsmetallurgie [heute: Rüstungskonzerne] und die Presse.

In dieser Tradition standen auch Fasia Jansen und Ellen Diederich. In der Biografie über Fasia schreibt Ellen Diederich über den Jugoslawien-Krieg, dass sie zunächst umfangreiche humanitäre Hilfe geleistet hätten:

> Dieser Krieg hat uns sehr viele Erkenntnisse über die wahren Gründe von Kriegen gebracht. Es sind keine Kriege zur Verhinderung von Menschenrechtsverletzungen, sondern immer handfeste ökonomische und Machtinteressen vorhanden. Am Ende des Diskussionsprozesses stand die gemeinsame Entscheidung, keine humanitäre Arbeit mehr zu machen. Seit dieser Zeit ist der Schwerpunkt unserer Arbeit Aufklärung über die wahren Kriegsgründe, über den Zusammenhang zwischen Globalisierung und Krieg. Weiter darüber, welche Firmen an Kriegen verdienen [...] Wir analysieren [...] die ökonomischen Interessen, die Krieg verursachen. Die ganzen Jahre, als wir humanitäre Arbeit geleistet haben, waren die Zeitungen immer interessiert daran, über unsere Arbeit zu berichten. Seitdem wir zu einer scharfen Kritik von Rüstungsindustrie, NATO, Einbeziehung der Bundeswehr in alle möglichen Kriege gekommen sind, gibt es so gut wie keine Möglichkeit mehr, Artikel in die Zeitung zu bekommen. In dieser Zeit stellte sich manchmal eine große Müdigkeit ein.

Fasia Jansen ist Begründerin des nach ihr benannten Frauenfriedensarchivs in Oberhausen, sie starb 1997.

In meinem Vortrag wollte ich zeigen, dass es die Töchter der Bertha von Suttner immer wieder gegeben hat und auch heute noch gibt. Einzelne Frauen, die Großartiges leisten im Kampf für den Frieden. Aber ich denke, dass man heute hier bei uns nicht von einer Frauenfriedensbewegung sprechen kann, einer Bewegung, die von Frauen für Frauen organisiert wird und sich an spezifischen Fraueninteressen und Frauenfähigkeiten orientiert. Die Frauen, die in der Friedensbewegung aktiv sind, erobern sich immer mehr den gleichberechtigten Zugang in den Strukturen der traditionellen Friedensbewegung, in denen Männer lange Zeit das Sagen hatten. Lange galt, was ich in einem Artikel über Gender, Frauen und Frieden las:

> In der Friedensbewegung gehörten zu den Aufgaben der Frauen das Protokollschreiben, der Raumschmuck, die Verköstigung, die Präsente für die Referenten, die Moderation und das Ehrenamt.

Noch ist dieser Zustand nicht vollständig überwunden, aber es geht voran. Obwohl ich glaube, dass sich die Rollen und Aufgaben von Männern und Frauen in der Friedensbewegung immer mehr angleichen, will ich doch noch ein Bremer Frauenfriedensprojekt vorstellen: Es geht um die **Bremer Mahnwachenfrauen**, ursprünglich entstanden aus der Evangelischen Frauenhilfe. Seit 36 Jahren steht die Initiative jeden Donnerstag von 17.00–18.00 Uhr auf dem Bremer Marktplatz mit ihrem zentralen Transparent für **Frieden, Gerechtigkeit und Bewahrung der Schöpfung**. Neben dem Transparent gibt es Umhängeschilder aus Pappe mit aktuellen Losungen und Forderungen. Schon bald nach der Gründung der Mahnwache kamen zu den Christinnen Kommunistinnen dazu, später auch Frauen aus anderen politischen Zusammenhängen und noch später und bis heute einige Männer. Ingeborg Kramer (Christin, 85 Jahre) und Margot Konetzka (Kommunistin, 90 Jahre) sind von Anfang an und bis heute dabei.

Als ich eine der Mahnwachenfrauen der ersten Stunde fragte, welche besondere Rolle die Frauen in der Friedensbewegung gespielt haben und vielleicht noch immer spielen, meinte sie lapidar:

> Die Frauen sind meistens vorausgegangen.

Ich will hinzufügen, sie sind nicht nur vorausgegangen, sie sind auch dabei geblieben. Ihr Durchhaltevermögen ist bewundernswert. Das drückte Klara-Marie Fassbinder, eins der großen Vorbilder der Frauenfriedensbewegung, so aus:

> Dass wir uns durch alle Widerwärtigkeiten der politischen Entwicklung, durch alle Anfeindungen und Verleumdungen […] nicht haben beirren lassen, dass wir ein Müdesein immer wieder überwanden, erscheint mir als ein ganz besonderes Kennzeichen unserer Arbeit.

Ich komme zum Ende. Ich habe berichtet von dem, was ich gelesen, gehört, erfahren habe über Frauen und Frieden heute. Mir wurde sehr deutlich, dass ich fast nichts weiß über die Kämpfe der Frauen in anderen Regionen der Erde. Wie wenig erfahren wir über Friedensbewegung dort, wo Kriege geführt werden. Und schon gar nichts über die Rolle der Frauen in solchen Bewegungen.

Ich kenne ein syrisches Ehepaar, das wegen des Krieges nach Deutschland geflohen ist. Die beiden erwachsenen Töchter leben mit ihren Familien weiter in Syrien. Ich fragte das Paar, ob es in Syrien eine Friedensbewegung gibt. Der Mann, der wesentlich besser Deutsch spricht, sagte im Brustton der Überzeugung:

Es gibt überhaupt nichts Derartiges.

Die Frau ließ sich übersetzen, worum es ging und widersprach heftig.

Das stimmt nicht, was du sagst. Unsere Töchter sind über Smart-Phone in einem Netzwerk, das über Waffenstillstände, Versöhnungsgespräche und lokale Friedensabkommen informiert. Sie arbeiten für den Frieden, aber das kriegen die Männer oft gar nicht mit,

sagte sie radebrechend, lachend und ihrem Mann kleine Klapse auf den Arm gebend.

Birte Lipinski

„Erich Mühsam bei den Manns"

Planungen zur neuen Dauerausstellung im Buddenbrookhaus

Die Mengstraße 4, das als Buddenbrookhaus berühmt gewordene Haus der Großeltern Thomas Manns und Handlungsort seines Romandebüts, bekommt Zuwachs: Die Mengstraße 6 wird in einigen Jahren nach großem Um- und Teilneubau dem heutigen Museum eine funktionalere Infrastruktur sowie mehr Raum für die wissenschaftliche Arbeit, für Vermittlungsprojekte und vor allem für die Ausstellungen des Hauses geben. Wenn das Buddenbrookhaus nach der großen Baumaßnahme wiedereröffnet, wird eine ganz neue Ausstellung dazu einladen, den Roman *Buddenbrooks* und die Geschichte der Familie Mann zu entdecken. Daran arbeitet das Team des Buddenbrookhauses zurzeit gemeinsam mit einem Fachbeirat, dem auch der Vorsitzende der Erich-Mühsam-Gesellschaft e.V., Lienhard Böhning, angehört. Zu Fachgesprächen wurden Chris Hirte und Marlies Fritzen[1] eingeladen, die dem kuratorischen Team des Buddenbrookhauses wertvolle Anregungen gaben. Aus diesen Gesprächen heraus sind Ideen entstanden, wie Erich Mühsam künftig in der Ausstellung des Buddenbrookhauses präsent sein kann.

Erich Mühsam soll seinen Platz im Neuen Buddenbrookhaus nicht mehr isoliert in den Funktionsräumen erhalten – derzeit ist die feine Ausstellung der Erich-Mühsam-Gesellschaft e.V. etwas unglücklich im hinteren Treppenhaus platziert. Nach derzeitigem Planungsstand soll er vielmehr innerhalb der Ausstellung zu den Manns in drei Stationen eine Rolle spielen. Man könnte argumentieren, dass Mühsam damit seine Eigenständigkeit, die exklusive Behandlung verliert. Doch ich bin überzeugt davon, dass die Integration in die Dauerausstellung ihm auf dreierlei Weise besser gerecht wird: Erstens wird er eine größere Aufmerksamkeit erhalten, wenn seine Geschichte in jenem Teil des Hauses präsentiert wird, um den zu sehen die Mehrheit der Besucher*innen das Museum besucht. Zweitens signalisiert eine Präsentation innerhalb der Dauerausstellung eine größere Wertschätzung Mühsams als Autor.

---

1 Chris Hirte hat mit seinen Studien und Editionen wesentliche Impulse für den Umgang mit Mühsam in der neuen Dauerausstellung gegeben – auch durch die Forschungen zu den Schnittstellen und Begegnungen mit den Manns: Thomas Mann – Heinrich Mann. Berührungspunkte dreier Lübecker. In: *Schriften der Erich-Mühsam-Gesellschaft 12* (1996). Marlies Fritzen hat als Kuratorin der Jubiläumsausstellung *„Sich Fügen heißt Lügen" – Der Schriftsteller und Anarchist Erich Mühsam* Grundlagenarbeit geleistet. Vgl. den Band: Ausstellung zum 125. Geburtstag Erich Mühsams. In: *Schriften der Erich-Mühsam-Gesellschaft 23* (2004).

Abb.: Ausstellungsvitrine der Erich-Mühsam-Gesellschaft e.V., derzeit im ersten Obergeschoss des hinteren Treppenhauses präsentiert; im Mittelpunkt steht die Schreibmaschine Erich Mühsams. © *Buddenbrookhaus, Foto: Birte Lipinski*

Drittens – und dies scheint mir entscheidend – werden seine Geschichte und sein Schreiben damit in weitere Zusammenhänge und größere Fragestellungen eingebunden. Auf diese Weise kann Erich Mühsam die Geschichte der Manns verständlicher machen – und die Manns liefern in ihrer Biografie eine Ergänzung zur Lebensgeschichte Mühsams, die deren Besonderheit erst richtig heraustreten lässt. Die Integration in die Dauerausstellung führt damit zu einem Plus auf beiden Seiten. Wie diese gegenseitige Kommentierung und Ergänzung geschehen kann, möchte ich nach einem kurzen Einblick in die Grundstruktur und Grundfragen der Ausstellung aufzeigen.

Abb.: Die berühmte weiße Fassade des Buddenbrookhauses mit dem Nachbarhaus Mengstraße 6. Auf verdoppelter Fläche wird hier eine ganz neue Ausstellung entstehen. © *Buddenbrookhaus, Foto: Thorsten Wulff*

„Vom Elternhaus zur Menschheit": Grundausrichtung der neuen Dauerausstellung

1932 schreibt Heinrich Mann an seinen Bruder Thomas:

> Was wir gemacht haben, war richtig, weil es unserem Beruf entsprach. Niemand darf das mit mehr, auch nur mit so viel Recht denken wie du selbst in Richtung deines weltgeschichtlichen Romans. So viel ich davon ahne und voraussehe, trägt dies Werk dich auf deine Höhe, der dir war bestimmt[,] auf jeder Stufe umfassender zu werden, vom Elternhaus zur Menschheit. Ich wüsste keinen Grund, nicht volles Vertrauen zu haben.[2]

Heinrich Mann spricht von Thomas Manns im Werden begriffenen Josephs-Roman als einem Werk von weltgeschichtlicher Perspektive. Tatsächlich scheint der mythische Stoff die Menschheitsgeschichte im Blick zu haben – anders als der Erstling *Buddenbrooks*, der leicht erkennbar die Lübecker Gesellschaft porträtierte (wenngleich auch dieses Werk überzeitliche und philosophische Themen behandelt). Das Elternhaus oder das großelterliche Buddenbrookhaus deutet der ältere Bruder indirekt als Fundament des schriftstellerischen Wirkens. Wenn er hier die Literatur in ihrer Entwicklung aufzeigt, so formuliert er später, bereits im Exil, einen ähnlichen Gang von Lübeck in die Welt in biographischer Dimension, in Bezug auf Sprache und Kultur:

> Unsere Kultur und jede hat die Nation unserer Geburt als Ausgang und Vorwand, damit wir vollwertige Europäer werden können. Ohne Geburtsstätte kein Weltbürgertum [...].[3]

Die Heimatkultur wird dem Schriftsteller zur Voraussetzung, sich der Welt öffnen zu können.

Das kuratorische Team des Buddenbrookhauses möchte in der neuen Ausstellung aufzeigen, wie die Lübecker Herkunft zur Basis des Schriftstellertums werden kann, wie das Selbstverständnis der Brüder als Autoren, die Idee von der (auch politischen) Repräsentanz und die Öffnung zur Welt mit der Lübecker Herkunft zusammenhängen und doch weit über sie hinauswachsen. Diese Herkunft betrachten die Manns ambivalent – Identifikation und Abgrenzung sind bei den Brüdern unterschiedlich ausgeprägt. Erich Mühsam entwickelt eine wesentlich radikalere Haltung als Heinrich und Thomas Mann. Dass er in all seinem Wirken konsequenter, extremer ist als die Manns, wird sich auch an den folgenden Ausstellungsstationen zeigen. Damit ergibt sich ein breiteres Panorama der Selbstdefinitionen der schriftstellerischen Rolle – gerade in ihrer politischen Dimension.

---

2 Heinrich Mann an Thomas Mann, 26.11.1932. In: Dies.: *Briefwechsel 1900–1949*. Hrsg. v. Hans Wysling. Frankfurt am Main: 2005, S. 175.

3 Heinrich Mann: *Ein Zeitalter wird besichtigt. Studienausgabe in Einzelbänden*, hrsg. v. Peter-Paul Schneider. Frankfurt am Main: Fischer 2007, S. 236–237.

Dies ist für eine andere Grundentscheidung zur neuen Dauerausstellung von Belang: Im Neuen Buddenbrookhaus sollen Zeitgeschichte und politische Haltungen der Autoren einen höheren Stellenwert erhalten. Durch ihre Augen kann ein Blick auf historische Ereignisse und daraus resultierende Lebensentscheidungen erfolgen, der einen neuen Zugang zum Geschichtsverständnis, zum Verständnis der Lebenswege der Manns ermöglicht – und zum literarischen Werk. Denn die Frage, wie sehr sich die literarische Produktion auf die Situation der Zeit bezieht, wie sehr sie auch als politische Arbeit verstanden wird und in diesem Sinne wirken soll, beschäftigt die Manns zeitlebens – mit unterschiedlichen Antworten als Ergebnis. Auch hier kann mit Erich Mühsam eine weitere Perspektivierung erfolgen und die Entscheidung für eine politische Haltung auch in ihren Konsequenzen gezeigt werden.

Die Stationen der kommenden Dauerausstellung zeigen Entscheidungsmomente. Sie stellen die Biografie der Manns dar, indem sie Lebensfragen und Probleme, die sich den Manns stellten, präsentieren. Einige dieser Fragen stellen sich auch Erich Mühsam – nur beantwortet er sie anders. Dies möchte ich im Folgenden an zwei Beispiel-Stationen erläutern: derjenigen zur Lübecker Herkunft und derjenigen zu Revolution und Weimarer Republik. In der dritten präsentierten Station, die Erich Mühsams Leiden im Nationalsozialismus erzählt, hat Mühsam keine Entscheidungsfreiheit mehr. Doch seine Misshandlung und sein Tod zeigen die Zustände im nationalsozialistischen Deutschland nur zu deutlich. Er wird damit auch zum mahnenden Bespiel für den mit der Exilsituation hadernden Thomas Mann und zu einer Heldenfigur des Widerstands.

1. „Kosmopolitismus in der Nachtmütze": Zur Herkunft dreier Schriftsteller

Die hohen Türme haben mich gegrüßt,
die über meinen Kindertagen ragten,
und ihre unbewegten Mienen fragten,
wie ich des Lebens wachen Ernst verbüßt.

Des Waldes Blätter haben mir gerauscht,
wo meine Schmerzen erste Reime fanden.
Ich habe ihre Frage wohl verstanden:
Ob ich beglücktes Dichten eingetauscht.

Doch, als ich kam zu meines Meeres Flut,
da stürmten alle Wellen, mich zu grüßen,
und drängten zärtlich sich zu meinen Füßen
und fragten nichts. – Da war mir frei und gut.[4]

---

4 Erich Mühsam: *Wüste – Krater – Wolken. Gedichte.* Berlin: 1914, S. 199.

So dichtet Erich Mühsam über Lübeck nach einem Besuch der Heimatstadt im Jahre 1912. Zu diesem Zeitpunkt könnten die Schriftstellerleben Mühsams und Thomas Manns trotz gleichen Wohnorts kaum unterschiedlicher aussehen: ein Anarchist, der nach wechselhaften Jahren in Zürich, Ascona, Norditalien, München, Wien und Paris in Schwabing für die Anarchie in Zeitschriften und politischen Gruppierungen eintritt, verhaftet und wieder freigesprochen wurde, sich für die Politisierung des „Lumpenproletariats" einsetzt – und ein entschieden großbürgerlicher Schriftsteller mit Familie in einer Münchner Villa. Dennoch dürften diese drei Strophen Mühsams Thomas Mann aus der Seele gesprochen haben. Die Lübecker Herkunft prägt. Die „hohen Türme" im Gedicht grüßen nicht nur, sondern prüfen vor allem den Werdegang des Heimkehrers; die Erinnerung an die Jugend ist eine Erinnerung an erste literarische Produktion, die aus „Schmerzen" erfolgt, aus dem Gefühl des Außenseitertums heraus. Nur die Ostsee wird als Ort der Freiheit wahrgenommen; dort setzen die prüfenden Fragen aus. Die Kindheitserlebnisse Mühsams und der Manns mögen ihre Unterschiede haben, doch sie treffen sich in einigen markanten Punkten: in der bürgerlichen Herkunft aus Haushalten, in denen politisches Wirken für die freie Stadt Lübeck dem jeweiligen Hausherrn als selbstverständlich galt, in der Erfahrung mit einem beengendem Schulsystem am Katharineum, in der Suche nach kulturellen Anregungen in der Stadt und in der Selbstwahrnehmung als Außenseiter, die ihren Ausdruck im Schreiben findet.

Früh ist etwas erkennbar, das ein Unterschied zwischen Thomas Mann und Erich Mühsam bleiben wird. Mühsam wird schon als Schüler intensiv politisch tätig, ist dabei hartnäckig und gewitzt und stellt die Sache stets über sein eigenes Wohl. Er beschreibt die Zeit rückblickend in seinen *Unpolitischen Erinnerungen* so:

> Mit siebzehn Jahren flog ich aus dem Lübecker Katharineum heraus, weil ich den Direktor und einige Lehrer in anonymen Berichten an die sozialdemokratische Zeitung bloßgestellt hatte, was die feierliche Bezeichnung „sozialistische Umtriebe" erhielt, und entfaltete [...] eine lebhafte Tätigkeit als ungenannter Artikelschreiber für sämtliche Lübecker Tageszeitungen. Wir verlangten mehr und größere Volkslesehallen, forderten und erreichten allsonntägliche Demonstrationsvorträge im Museum an Hand der ausgestellten Gegenstände, setzten die Schaffung eines Zoologischen Gartens durch und leisteten unser Meisterstück mit der Rettung des zum Abriß bestimmten ältesten Unterbaues eines Lübecker Gebäudes, der Löwen-Apotheke. Eines Sonntagmorgens standen in fünf lübeckischen Zeitungen fünf verschiedene Artikel, die die erschrockenen Landsleute von der Ansicht unterrichteten, die alte Stadt eines ihrer wertvollsten Baudenkmäler zu berauben, und zu allgemeinem Protest aufriefen. Der Freund hatte mir tags zuvor die Mitteilung gebracht, und ich setzte mich hin, schrieb meine fünf Aufsätze bis kurz vor Mitternacht, und Siegfried gelang es, in sämtlichen Redaktionen, deren jede natürlich glaubte, die erste und einzige Alarmbläserin zu sein, die Aufnahme noch in der Frühnummer durchzusetzen.[5]

---

5 Erich Mühsam: *Unpolitische Erinnerungen*. Berlin 2003, S. 15 f.

Kulturarbeit wird hier zum aufrührerischen Verhalten, konservatorische Arbeit zur Provokation. Es scheint aus heutiger Sicht kurios, dass Heimatpflege und Anarchie so nahe beieinanderliegen können. Und doch macht diese Ambivalenz vielleicht die Besonderheit der Lübecker Herkunft aus, die eine Herkunft aus einer selbstbewussten freien Stadt mit viel Sinn für die eigene Geschichte ist, mit internationalem Handel und regem Kulturleben, die aber gleichzeitig eben auch provinzieller „Weltwinkel"[6] ist. Auch Thomas Mann empfindet die Stadt als eng und ruft auf zum Kampf gegen die „Fülle von Gehirnverstaubtheit und Ignoranz und borniertem, aufgeblasenen Philistertums"[7]. Heinrich Mann spricht in den *Fantasien über meine Vaterstadt L.* vom „Millionengestank", von der Geldfixierung und der scheinheiligen Religiosität der Mitbürger.[8] Mit solchen Widersprüchen konfrontiert, entscheiden sich die drei Schriftsteller dazu, ihre Heimatstadt auf sehr unterschiedliche Weise literarisch zu porträtieren.

Die Ausstellung wird von einer Kindheit und Jugend zwischen Internationalität der Hansestadt und gefühlter Enge erzählen. Lübeck bleibt zeitlebens Sehnsuchtsort insbesondere Thomas Manns, ist Ausgangspunkt der literarischen Karrieren der Brüder Mann und ist als Handlungsort ihrer Geschichten in die Weltliteratur eingegangen. Die Schulgeschichten der Brüder Mann und Erich Mühsams können nebeneinander präsentiert einen deutlicheren Eindruck von der „Anstalt", dem Lübecker Katharineum, geben, das zur Schulzeit der drei seine humanistisch liberalen Einstellungen längst hin zu einer Gehorsamskultur preußischen Stils verändert hatte. Selbst die Deutschnoten der künftigen Autoren fallen bescheiden aus: Heinrich Mann wird im Abgangszeugnis mit „recht befriedigend" bewertet, Thomas Mann mit „befriedigend", Erich Mühsam mit „mündl. unbefriedigend, schriftlich befriedigend, auch besser". Vor allem das „Betragen" der drei lässt zu wünschen übrig: Heinrich Mann wird zwar mit „gut" bewertet, Fleiß und Aufmerksamkeit seien immerhin „befriedigend". In

---

6 So bezeichnet Thomas Mann Lübeck rückblickend aus dem Exil in Amerika: „Das war die modern-nationalistische Form deutscher Weltfremdheit, deutscher Unweltlichkeit, eines tiefsinnigen Weltungeschicks, die in früheren Zeiten zusammen mit einer Art von spießbürgerlichem Universalismus, einem Kosmopolitismus in der Nachtmütze sozusagen, das deutsche Seelenbild abgegeben hatte. Diesem Seelenbild, dieser unweltlichen und provinziellen deutschen Weltbürgerlichkeit hat immer etwas Skurril-Spukhaftes und Heimlich-Unheimliches, etwas von stiller Dämonie angehaftet, das zu empfinden meine persönliche Herkunft mir ausnehmend behilflich gewesen sein mag. Ich denke zurück an den deutschen Weltwinkel, aus dem das Traumwelle des Lebens mich her verschlug und der den ersten Rahmen meines Daseins bildete: Es war das alte Lübeck […]." Thomas Mann: Deutschland und die Deutschen. In: *Gesammelte Werke in dreizehn Bänden*. Band XI. Frankfurt am Main: 1990, S. 1129.
7 Thomas Mann: Frühlingssturm. In: *Große kommentierte Frankfurter Ausgabe*, Bd. 14.1, hrsg. u. textkritisch durchges. v. Heinrich Detering unter Mitarb. v. Stephan Stachorski. Frankfurt am Main: 2002, S. 17 f. Vgl. hier S. 18.
8 Heinrich Mann, Fantasieen über meine Vaterstadt L. Zitiert nach: *Heinrich und Thomas Mann. Ihr Leben und Werk in Text und Bild. Katalog zur Ausstellung im Buddenbrookhaus der Hansestadt Lübeck*. Hrsg. von Eckhard Heftrich, Peter-Paul Schneider und Hans Wißkirchen. Lübeck: 1994, S. 70.

Thomas Manns Zeugnis ist die Bewertung „gut" gestrichen und verändert zur Wendung „im Ganzen gut"; auch Fleiß und Aufmerksamkeit seien nur „im ganzen vorhanden". Erich Mühsam erhält im Bereich Betragen die Bewertung: „nur im ganzen gut mit Neigung zu Störungen und Respektlosigkeit".[9]

Mit der Erzählung *Tante Kloth* greift auch Erich Mühsam seine Lübecker Erfahrungen auf.[10] Dass das Werk der frühen Erzählung *Gefallen* von Thomas Mann durchaus ähnelt, hat Chris Hirte herausgestellt.[11] Lübeck bietet als Stadt die nötige kulturelle Basis, aber auch die Reibungsfläche, die Erich Mühsam, Heinrich und Thomas Mann zu Schriftstellern macht. Zudem, so fasst es Chris Hirte treffend zusammen, entwickeln die drei in ihrer Heimatstadt mit der „überschaubaren und fast familiären Mechanik des Staatswesens, die Lübeck bis zum Ende des Jahrhunderts noch bot", die Überzeugung, „daß man durch kräftiges Einwirken tatsächlich politisch wirken könne".[12] In der Zusammenschau der drei Schriftsteller lässt sich so die Ambivalenz der Herkunft besonders gut darstellen.

2. „Revoluzzer"[13] und Beobachter: Revolution und Räterepublik

Seinen größten Auftritt innerhalb der neuen Dauerausstellung wird Erich Mühsam in der Ausstellungsstation zur Revolution 1918/19 haben. Die Entscheidung, ihn gerade hier mit Schreibmaschine[14], Zeitschriftentiteln und eigenen Texten zu präsentieren, ist auch eine Entscheidung für die Präsentation Erich Mühsams in seiner Hochzeit. Während der Novemberrevolution und Räterepublik sieht er seine Ideen erstmals in greifbare Nähe rücken, er ist politisch aktiv wie nie zuvor. Mühsams Schreiben soll mit drei Textarten präsentiert werden: eine Auswahl aus erstens den politischen Schriften und Flugblättern[15] sowie der Zeitschrift *Kain – Zeitschrift für Menschlichkeit*, zweitens literarischen Schriften

---

9 Die drei Abgangszeugnisse sind abgedruckt bei Chris Hirte: Thomas Mann und Erich Mühsam. Berührungspunkte einer Jugend in Lübeck. In: *Schriften der Erich-Mühsam-Gesellschaft* 12 (1996), S. 8–37. Hier S. 23–25.
10 Mühsam schrieb die Novelle 1900, abgedruckt wurde sie aber erstmalig im *Mühsam-Magazin 4* (1994). Hg. von der Erich-Mühsam-Gesellschaft. S. 14–39.
11 Chris Hirte: Thomas Mann und Erich Mühsam. Berührungspunkte einer Jugend in Lübeck. In: *Schriften der Erich-Mühsam-Gesellschaft* 12 (1996). S. 8–37. Hier S. 28.
12 Ebd. S. 28 f.
13 Erich Mühsam parodiert in der Ballade „Der Revoluzzer" die deutschen Sozialdemokraten, die zur wirklichen Revolution nicht den Mut hätten, weil sie am Alten – und auch der eigenen Rolle darin – zu sehr hingen. Erich Mühsam: *Wüste – Krater – Wolken. Die Gedichte*. Berlin: 1914, S. 103 f.
14 Ich hoffe darauf, die Schreibmaschine als Leihgabe der Erich-Mühsam-Gesellschaft in der Ausstellung dauerhaft präsentieren zu dürfen.
15 Das Flugblatt der von Mühsam im November 1918 gegründeten Vereinigung revolutionärer Internationalisten zeigt, dass Mühsam die Revolutionsbestrebungen nicht weit genug gingen und dass er unter Revolution dezidiert nicht „Mord und Totschlag, sondern Aufbau und Verwirklichung" verstand. Leitidee ist dabei die „Liebe zur Menschlichkeit". Das Blatt ist abgedruckt in: Laura Mokrohs: *Dichtung ist Revolution. Kurt Eisner – Gustav Landauer – Erich Mühsam – Ernst Toller*. Regensburg: 2018, S. 73.

(wie zum Beispiel dem *Huldigungsgedicht an die Oktoberrevolution*[16]) und drittens privaten Schriften wie den Tagebucheinträgen Mühsams. Dass für Mühsam auch im privaten Tagebuch das Schreiben der Politik gewidmet ist und dass er zudem für seine politische Haltung jeden persönlichen Schaden auf sich nimmt, zeigt eindrucksvoll ein Tagebucheintrag zum Prozess gegen Mühsam im Juli 1919 aus dem Gefängnis am Neudeck in München:

> Um 12 Uhr ist Urteilsverkündung. Die ganze Woche hindurch hat der Prozeß gedauert, und gestern sind die Plädoyers gehalten worden. Der Antrag des Staatsanwalts gegen mich lautet auf 10 Jahre Zuchthaus und 10 Jahre Ehrverlust. Doch glaube ich kaum, daß das Gericht auf Zuchthaus erkennen wird, obwohl ich es dauernd durch die Betonung seines Klassencharakters gereizt habe. Ich selbst habe im Schlußwort erklärt, daß die Konstruktion des Staatsanwalts, daß es sich nur um Beihilfe zum Hochverrat handle, gewaltsam sei, und daß das Standgericht nur die Möglichkeit habe, mich freizusprechen oder den Weg zu schicken, den Leviné gegangen ist. Am Schluß meiner Rede ertönten lebhafte Bravorufe im Zuhörerraum, und ich darf mir sagen, daß durch den Verlauf des Prozesses meine Rehabilitation beim Münchner Proletariat vollkommen ist.[17]

Für Mühsam ist Schreiben Mittel der politischen Erneuerung – und ein Kompromiss oder gar die Unterordnung undenkbar: „Sich fügen heißt lügen!"[18], schreibt er in der Festungshaft.

In der radikal politischen Haltung auch seines schriftstellerischen Wirkens steht der Revolutionär Mühsam hier in klarem Gegensatz zu Thomas Mann, der die Veränderungen in München aus der Villa in der Poschingerstraße heraus zurückgezogen, besorgt und mit wechselnden politischen Meinungen verfolgt.

Heinrich Mann schließt sich der Münchner Räterepublik an und gehört zu deren intellektuellen Köpfen. Er verfasst – oft im Kollektiv – zentrale Veröffentlichungen der Räterepublik, so zum Beispiel den Aufruf des politischen Rates geistiger Arbeiter. Dieser verkündet am 15. November 1918:

> Wir sind deutsch, demokratisch und europäisch. Aus alledem ergibt sich unser Wille, dem staatlichen Leben eine allumfassende Gerechtigkeit zu verleihen. Alle sollen sobald als möglich am Staat beteiligt sein.[19]

---

16 Mühsam schrieb das Gedicht schon im März 1918 und fordert darin die Deutschen auf, sich die russische Oktoberrevolution zum Vorbild zu nehmen: „Das Beispiel lebt. Wird es das Volk befruchten, / das demutvoll die tiefste Schmach erlitt? / Das stets den Rücken krümmte unter Zuchten, / das immer nur die eigne Qual erstritt? / O Deutschland, zwischen Furcht und Hoffnung schwebt / wer deine Pflicht erkennt. – Das Beispiel lebt." zitiert nach: Chris Hirte: *Erich Mühsam. Eine Biographie.* Freiburg: 2009, S. 175.
17 Tagebucheintrag von Samstag, 12. Juli 1919, München (Neudeck). Erich Mühsam: *Tagebücher.* Bd. 6. 1919. Hrsg. v. Chris Hirte und Conrad Piens. Berlin: 2014, S. 287 f.
18 Erich Mühsam: Der Gefangene. In: *Erich Mühsam. Sich fügen heißt lügen. Ein Lesebuch.* Hrsg. v. Marlies Fritzen. Göttingen: 2003, S. 173.
19 Heinrich Mann: *Macht und Mensch. Essays* (Studienausgabe). Frankfurt a. M.: 1989, S. 243.

Im Gegensatz zu Erich Mühsam ist Heinrich Mann aber kein Mann der Straße, er wirkt nicht auf die Massen. Dies mag dazu beigetragen haben, dass er nach Ende der Räterepublik keine Konsequenzen zu leiden hatte wie Erich Mühsam. Mühsams unbeirrbare Haltung und sein anarchistisches Credo, sich niemals der Macht anzupassen, führen dazu, dass Mühsam bei allem Einsatz für die Räterepublik auch hier aneckt und schließlich nicht zu den führenden Köpfen der Gremien gehört. Er bleibt schließlich der als provokant empfundene Außenseiter, der er schon in Lübeck war.

Die so unterschiedlichen Positionen der drei Schriftsteller in der Revolutionszeit zeigen eindrucksvoll drei Wege auf, als Privatpersonen, als Intellektuelle und als Künstler auf die politischen Ereignisse zu reagieren. Sie machen damit die Novemberrevolution als Chance zur Erneuerung erkennbar – und zeigen zugleich Ängste und Gefahren. Ein in breiten Kreisen inzwischen weniger bekannter Teil der deutschen Geschichte wird in den drei Biografien in seiner Komplexität verstehbar. Anhand dieses Beispiels lässt sich auch die Frage nach der politischen Verantwortung des Schriftstellers dreimal unterschiedlich beantworten; so kann die Ausstellung den Besucherinnen und Besuchern Denkanstöße geben und zur Diskussion herausfordern.

3. „Unausdenkbare Seelenzustände": Haft und Hinrichtung

Dass Erich Mühsam zu den ersten Opfern des Nationalsozialistischen Regimes wurde, verwundert kaum. Der Kämpfer gegen jede Art der Obrigkeit und des Mitläufertums, noch dazu jüdischer Herkunft, wurde von den Nationalsozialisten sofort als Feind des Systems identifiziert und schon früh verhaftet. Im Besitz der Erich-Mühsam-Gesellschaft befinden sich Briefe aus der Zeit der Haft. Diese Dokumente wünsche ich mir als Dauerleihgabe für die Ausstellung.[20]

Durch ihre Berühmtheit und ihr Vermögen, später auch durch Thomas Manns Mäzenin Agnes Meyer, geht es der Familie Mann nach dem Verlust der Heimat besser als vielen anderen Deutschen, die fliehen müssen. Diese Aussage soll nicht verharmlosend wirken: Die Manns leiden fürchterlich unter der Entwurzelung und dem Sprachwechsel. Als das „Herzasthma des Exils, die Entwurzelung, die nervösen Schrecken der Heimatlosigkeit", so beschreibt Thomas Mann das Gefühl des Heimatverlusts im Brief an Walter von Molo als körperliches Leiden.[21] Heinrich Mann muss ohne jedes Hab und Gut fliehen; gerade in den USA lebt er in Abhängigkeit von seinem Bruder; Monika Mann verliert ihren Mann durch einen U-Boot-Angriff auf ein Passagierschiff und bangt selbst stundenlang im Wasser um ihr Leben. Dies sind nur einige Beispiele des Leids, das das

---

20 Aus konservatorischen Gründen würden Faksimiles ausgestellt.
21 Thomas Mann: Brief nach Deutschland. In: *Große kommentierte Frankfurter Ausgabe*, Bd. 19.1, Essays VI, 1945–1950. Hrsg. und textkritisch durchgesehen von Herbert Lehnert. Frankfurt a. M.: 2009, S. 72–82, hier S. 75.

Exil den Manns bringt. Angst und Existenznöte kennen die Manns gut. Sie unterstützen deshalb bedrohte Künstler und Schriftsteller mit Spenden und Unterstützerbriefen an öffentliche Institutionen.

Trotzdem beklagen sich nach Kriegsende die daheimgebliebenen Deutschen über die Exilanten und verharmlosen angesichts der eigenen Kriegserfahrungen deren Leid: Die „Emigranten" hätten in sicherer Ferne und aus den „Logen- und Parterreplätzen des Exils" auf Deutschland gesehen.[22] Einem solch verharmlosenden Bild, das angesichts aktueller rechtspopulistischer Strömungen wieder äußerbar scheint,[23] ist selbstverständlich unbedingt zu widersprechen. Es behauptet eine Alternative, suggeriert, dass eine andere Entscheidung möglich gewesen wäre.

Dass dies falsch ist und wie grausam das Vorgehen der Nationalsozialisten gegen die politischen Gegner schon zu Beginn ihrer Herrschaft ist, lässt sich am Beispiel Erich Mühsams nachvollziehen. Seine Briefe aus der Haft zeigen die existenzielle Bedrohung und in seiner Handschrift sogar ganz leiblich die Folterfolgen. Die Erich-Mühsam-Gesellschaft bewahrt in ihrem Archiv einen Brief Mühsams an den Staatsanwalt Dr. Mittelbach, der von Misshandlung und Folter berichtet, sowie den letzten Brief an seine Frau, der das ganze persönliche Drama seiner Haft entfaltet und in seiner Zurückhaltung gleichermaßen auf die Zensur verweist: „Was soll ich dir bis dahin schreiben? Ich weiß gar nichts, und Du weißt ja, daß das immer das beste ist."[24] Beide Briefe nebeneinander lassen das Leiden Mühsams fühlbar werden und offenbaren die Entmenschlichung der politischen Gegner durch die Nationalsozialisten.

---

22 Mit dieser Ausrichtung diskutiert zum Beispiel Frank Thiess und verharmlost die Erfahrung der Exilanten und ihre existenzielle Bedrohung. Mit seiner Argumentation, in der die Flucht als ein freiwilliger Akt (als Emigration und nicht als Exil) erscheint, versucht er, den Exilanten moralische Überlegenheit abzusprechen und versucht über die Narration einer „inneren Emigration" die eigene Verantwortung für die Deutsche Schuld argumentativ zu schwächen. Es geht also im Kern um die Fragen von Schuld und moralischer Haltung: „Auch ich bin oft gefragt worden, warum ich nicht emigriert sei, und konnte immer nur dasselbe antworten: Falls es mir gelänge, diese schauerliche Epoche, (über deren Dauer wir uns freilich alle getäuscht hätten) lebendig zu überstehen, würde ich dadurch derart viel für meine geistige Entwicklung gewonnen haben, dass ich reicher an Wissen und Erleben daraus hervorginge, als wenn ich aus den Logen und Parterreplätzen des Auslands der deutschen Tragödie zuschaute." Frank Thiess: Die innere Emigration. In: *Münchner Zeitung. 18.8.1945.* S. 24. Nachzulesen im Kontext der Debatte in: *Die große Kontroverse. Ein Briefwechsel um Deutschland. Walter von Molo – Thomas Mann.* Hrsg. von Johannes F.G. Grosser: Hamburg 1963.
23 Die Verharmlosung der nationalsozialistischen Verbrechen, die Wiederverwendung von Slogans und sprachlichen Bildern der Nationalsozialisten sowie die Verschiebung des Schulddiskurses wurden inzwischen auch sprachwissenschaftlich untersucht, zum Beispiel bei Thomas Niehr und Jana Reissen-Kosch: Volkes Stimme? Zur Sprache der Rechtspopulisten. Berlin: 2018.
24 Die Briefe waren in der Ausstellung im Buddenbrookhaus 2003 zu sehen und sind abgedruckt im Band: *Erich Mühsam. Sich fügen heißt lügen. Leben und Werk in Text und Bildern.* Hrsg. v. Marlies Fritzen. Göttingen 2003. S. 140 f. und 147.

Für Thomas Mann offenbart sich an Mühsams Beispiel die ganze Barbarei der Naziherrschaft. Zudem zeigt Mühsams Schicksal, dass es sich bei Flucht aus Deutschland, beim Exil nicht um die Einnahme der „Logenplätze" handelt, sondern um eine existenzielle Entscheidung.

Die Versuchung, sich als Künstler zurückzuziehen oder gar in den Dienst der Nationalsozialisten zu stellen, wird in der Ausstellung unter anderem an einem literarischen Beispiel verhandelt, an Klaus Manns „Mephisto". Erich Mühsam gerät nie in Versuchung, sich zurückzuziehen und zu schweigen: Das verdeutlicht sein Brief an Walter Bloem, Vorstandsmitglied des „gleichgeschalteten" Schriftstellerverbands, vom 1. April 1933:

> Aus der Zeitung ersehe ich, daß die unter Ihrer Leitung stehende Kommission des neuen Hauptvorstands des SDS eine Reihe von Ausschlüssen aus dem Gesamtverband vorgenommen hat. In der dort aufgezählten Liste der Gestrichenen fand ich meinen Namen nicht. Obwohl ich vermute, daß meine Ihnen bekannte Gesinnung ohnehin auch zu meiner Ausschließung aus dem Schutzverband Anlaß gegeben hat, möchte ich doch vorsorglich bitten, falls ich Gnade gefunden haben sollte, meinen Austritt aus dem SDS zur Kenntnis zu nehmen. Ich vollziehe ihn zum Zeichen meiner Solidarität mit den Ausgeschlossenen.[25]

Zu diesem Zeitpunkt sitzt Mühsam bereits in Haft. Schon am 28.2.1933 war er als einer der lautesten Gegner des Nationalsozialismus verhaftet worden. In verschiedenen Gefängnissen und schließlich im Konzentrationslager Oranienburg wird er misshandelt und gefoltert. Seine Ermordung durch die SS in der Nacht zum 10. Juli 1934 wird von den Nazis als Suizid dargestellt – sicher auch, um seinem Andenken und seiner Funktion als Symbolfigur des Widerstands etwas entgegenzusetzen.[26] Thomas Mann verfolgt das Schicksal Mühsams und notiert in seinem Tagebuch am Sonntag den 29. Mai 1933 in Bandol:

> Das Halbe und Feige an dieser „Revolution", die sich so radikal gibt. Das Wort „barbarisch" steht zwar in hohen rednerischen Ehren, aber man möchte doch nicht barbarisch sein, scheut doch wieder dies Odium vor der Welt und legt Wert auf Bildung, putzt sich mit einer Literatur-Akademie, in der ein Schriftsteller unter Verbeugungen vor deren Exponierten geistigen Elends die deutsche Sprache preist, während Kollegen von ihm im Gefängnis so geprügelt werden, daß ihre Frauen sie sechs Wochen lang nicht sehen dürfen. (Ossiezky, Mühsam, mit denen ich wenig zu tun habe, was nicht hindert, daß mir übel wird, wenn ich von ihrem Schicksal höre.) Pavillone in den Krankenhäusern mit streng nationalsozialisti-

---

25 Zitiert nach Chris Hirte: Erich Mühsam – Eine Biographie. Hrsg. von Stephan Kindynos. Bonn 2009, S. 305.
26 Vgl. „Eingesperrt sind meine Pläne namens der Gerechtigkeit". Politische Haft, Folter Todesstrafe: Erich Mühsam und andere. *Schriften der Erich-Mühsam-Gesellschaft 28* (2006).

schem Wartepersonal, weil die Insassen nicht gezeigt werden können und über ihren Zustand u. seine Herkunft nichts bekannt werden darf.[27]

Am Donnerstag den 12. Juli 1934 dann hält Mann fest: „In Deutschland haben sich zwei Schriftsteller fast gleichzeitig das Leben genommen: Mühsam und Aram. Unausdenkbare Seelenzustände hat dies Volk in seiner Mitte gezeitigt."[28] Dass es sich eigentlich um eine Hinrichtung handelt, zeigt plakativ der Linolschnitt von Clément Moreau, der den Schriftsteller am Strick mit gefesselten Händen zeigt.[29] Das Bild kann ein Korrektiv zu den verbreiteten Zeitungsmeldungen bieten. So lässt sich an dieser Stelle auch die Frage nach Information und gezielter Falschinformation stellen, nach der Gleichschaltung der Medien und der Verantwortung der Demokratie für eine unabhängige Medienlandschaft. Gerade im Gespräch mit Schulklassen sehe ich in diesem Ausstellungsteil ein großes Potential zur politischen Bildung.

Die Ausstellungskonzeption ist noch nicht finalisiert – in Zusammenarbeit mit dem Gestaltungsbüro, das die Ausstellung realisiert, werden noch viele Anpassungen und Veränderungen nötig sein. Der derzeitige Stand aber sieht die Präsentation Mühsams in den drei skizzierten Schlaglichtern vor; erste Dokumente und Exponate dazu sind ausgewählt. Auch die Ausstellung im Neuen Buddenbrookhaus wird nicht den Raum bieten, um Erich Mühsams Leben und Schreiben in voller Breite zu darzubieten. Sie wird also, da möchte ich keine falschen Hoffnungen wecken, kein eigenes Museum zu Mühsam ersetzen. Trotzdem wird sie etwas schaffen, was in der derzeitigen Präsentation nicht möglich ist: Die Schau bettet Erich Mühsam in ein größeres Narrativ ein. Auf diese Weise erhält seine Geschichte einen zeitgeschichtlichen Kontext, eine Basis im literarischen Wirken der Zeitgenossen und wird damit in ihrer Besonderheit weit besser verständlich werden. Die unterschiedlichen Positionen der Manns und Mühsams geben zudem Raum und Anlass für Diskussionen. Dass Mühsam nicht an einem einzelnen Ort im Museum, sondern in mehreren Stationen aufgenommen ist, lässt auch eine Ausstellungsführung auf seinen Spuren zu.

Ich hoffe für diese Konzeption weiterhin auf die Unterstützung durch die Erich-Mühsam-Gesellschaft. Ihre Exponate und Ihre Expertise werden die Ausstellungsmodule zu Erich Mühsam mit Leben füllen. Für Ihre Anregungen ist das kuratorische Team des Buddenbrookhauses und bin ich dankbar.

---

27 Thomas Mann. Tagebücher 1933–1934. Hrsg. von Peter de Mendelssohn. Frankfurt am Main: Fischer 1977. S. 94 f.
28 Thomas Mann. Tagebücher 1933–1934. Hrsg. von Peter de Mendelssohn. Frankfurt am Main: Fischer 1977. S. 469.
29 Das Bild und seine Geschichte erläutert Thomas Miller: „Erich Mühsam zum Gedächtnis". Clément Moreau und seine Kunstauffassung. In: *Schriften der Erich -Mühsam-Gesellschaft 31* (2008). S. 9–29. Auf Seite 8 ist das Werk abgebildet.

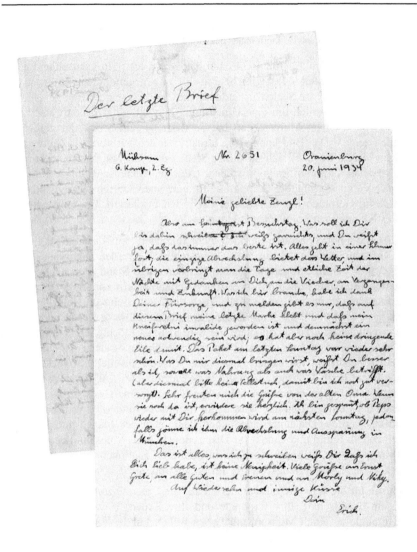

Abb.: *Brief Erich Mühsams aus der Haft an seine Frau Zenzl. Archiv der Erich-Mühsam-Gesellschaft im Buddenbrookhaus. © Kulturstiftung Hansestadt Lübeck, Foto: Michael Haydn*

Biografische Notizen

Marga Voigt

Sie ist Slawistin und Bibliothekarin und lebt in Berlin. Sie hat den 1. Band der Briefe Clara Zetkins herausgegeben, der unter dem Titel „Die Kriegsbriefe" den Zeitraum 1914–1918 umfasst. Der Band ist 2016 im Karl Dietz Verlag erschienen. Vorgesehen ist die Herausgabe der Briefe der Jahre 1914–1933.

Prof. Dr. Beatrix Müller-Kampel

Studium der Deutschen Philologie und der Romanistik in Graz. Magister 1983, Promotion 1985. Habilitation für Neuere deutsche Literatur 1993 mit der Schrift „Dämon – Schwärmer – Biedermann. Don Juan in der deutschen Literatur bis 1918". Seitdem a. o. Univ.-Prof. am Institut für Germanistik der Universität Graz sowie seit 2008 Professeur associé in Angers. Zahlreiche Veröffentlichungen u. a. zur Literatur- und Theatersoziologie. Herausgeberin von „Krieg ist der Mord auf Kommando". Bürgerliche und anarchistische Friedenskonzepte. Nettersheim 2005.

Dr. Annika Wilmers

Deutsch-Französisches Studium der Neueren Geschichte, Mittelalterlichen Geschichte und Neueren deutschen Literaturwissenschaften in Tübingen und Aix-en-Provence. Promotion 2006 im Fach Neuere Geschichte zur internationalen Friedensbewegung während des Ersten Weltkriegs. Zahlreiche Publikationen u. a. zur Frauenbewegung im Ersten Weltkrieg. Wissenschaftliche Mitarbeiterin im DIPF – Leibniz-Institut für Bildungsforschung und Bildungsinformation, Frankfurt.

Dr. Petra Schönemann-Behrens

Studium der Germanistik und Geschichte. Sie begann 1999 mit den Forschungen über Alfred H. Fried, die 2004 in eine historisch-biografische Dissertation an der Universität Bremen mündeten. 2011 erschien im Römerhof Verlag, Zürich „Alfred H. Fried. Friedensaktivist – Nobelpreisträger". Sie lebt in Wildeshausen, leitet historische Projekte in Schulen und arbeitet als freie Lektorin.

Barbara Heller

Studium der Sozialpädagogik. Viele Jahre Leiterin der Seniorenwerkstatt der Egestorff-Stiftung in Bremen. Arbeit gegen Faschismus und aktiv im Bremer Friedensforum, das dem Netzwerk Friedenskooperative angehört. Sie lebt in Bremen.

Dr. Birte Lipinski

Studium der Germanistik und bildenden Kunst in Oldenburg und Salamanca. 2013 Promotion mit der Arbeit „Romane auf der Bühne: Form und Funktion von Dramatisierungen im deutschsprachigen Gegenwartstheater." Tübingen: Narr 2014. Ab 2005 wissenschaftliche Mitarbeiterin der Universität Oldenburg, ab 2012 wissenschaftliche Mitarbeiterin bei der Studienstiftung des deutschen Volkes. Seit 2014 Leiterin des Buddenbrookhauses/Heinrich und Thomas-Mann-Zentrum in Lübeck. Zahlreiche Publikationen, vor allem zur Familie Mann.

Publikationen der Erich-Mühsam-Gesellschaft

Die EMG gibt zwei Publikationsreihen heraus: das „Mühsam-Magazin" und die „Schriften der Erich-Mühsam-Gesellschaft". Bisher sind erschienen:

Mühsam-Magazin:

Heft 1 (1989) ISBN 3-931079-00-7
Zur Gründung der EMG (vergriffen)

Heft 2 (1990) ISBN 3-931079-01-5
Mit dem Beitrag „Erich Mühsam und Gustav Landauer" (vergriffen)

Heft 3 (1992) ISBN 3-931079-03-1
Mit dem Beitrag „Erich Mühsam und Herbert Wehner" (vergriffen)

Heft 4 (1994) ISBN 3-931079-06-6
Mit der Erstveröffentlichung der Novelle „Tante Klodt" von Erich Mühsam (1900), 7,50 €

Heft 5 (1997) ISBN 3-931079-15-5
Mit dem Sylter Tagebuch von Erich Mühsam (1891), 7,50 €

Heft 6 (1998) ISBN 3-931079-18-X
Mit Dokumentation zum Urheberrechtsstreit um Erich Mühsam, 7,50 €

Heft 7 (1999) ISBN 3-931079-19-8
Mit Materialien zur Tagung „Erich Mühsam und die Kunst", 7,50 €

Heft 8 (2000) ISBN 3-931079-23-6
Mit dem humoristischen Stück „Im Nachthemd durchs Leben" (1914), 10,– €

Heft 9 (2001) ISBN 3-931079-26-0
Mit Materialien zum Verhältnis Erich Mühsams zu Senna Hoy, Oskar Maria Graf und Emmy Hennings, 10,– €

Heft 10 (2003) ISBN 3-931079-30-9
Mit Materialien zur Rettung der Lübecker Löwen-Apotheke und zur Roten Hilfe, 12,50 €

Heft 11 (2006) ISBN 3-931079-36-8
Mit Beiträgen zu Margarethe Faas-Hardegger, Johannes Nohl und Peter Hille, 12,50 €

Schriften der Erich-Mühsam-Gesellschaft:

Heft 1 (1989) ISBN 3-923475-17-9
Chris Hirte: Wege zu Erich Mühsam (Erich-Mühsam-Rezeption in der DDR) (vergriffen)

Heft 2 (1991) ISBN 3-931079-02-3
Revolutionär und Schriftsteller, 2. Auflage, 7,50 €

Heft 3 (1993) ISBN 3-931079-04-xa
Erich Mühsam und ... (der Anarchismus und Expressionismus; die „Frauenfrage"; Ludwig Thoma), 2. Auflage, 7,50 €

Heft 4 (1993) ISBN 3-931079-05-8
Die Graswurzelwerkstatt (vergriffen)

Heft 5 (1994) ISBN 3-931079-07-4
Der „späte" Mühsam, 7,50 €

Heft 6 (1994) ISBN 3-931079-08-2
Kurt Kreiler: Leben und Tod eines deutschen Anarchisten, 5,00 €

Heft 7 (1995) ISBN 3-931079-09-0
Anarchismus im Umkreis Erich Mühsams, 7,50 €

Heft 8 (1995) ISBN 3-931079-10-4
Musik und Politik bei Erich Mühsam und Bertolt Brecht, 7,50 €

Heft 9 (1995) ISBN 3-931079-11-2
Zenzl Mühsam. Eine Auswahl aus ihren Briefen. Hrsg. Uschi Otten und Chris Hirte, 10,– €

Heft 10 (1995) ISBN 3-931079-12-0
Andreas Speck, Sich fügen heißt lügen. Die Geschichte einer totalen Kriegsdienstverweigerung (vergriffen)

Heft 11 (1996) ISBN 3-931079-13-9
Frauen um Erich Mühsam: Zenzl Mühsam und Franziska zu Reventlow, 10,– €

Heft 12 (1996) ISBN 3-931079-14-7
Thomas Mann – Heinrich Mann. Berührungspunkte dreier Lübecker, 7,50 €

Heft 13 (1997) ISBN 3-931079-16-3
Birgit Möckel: Das Ende der Menschlichkeit. George Grosz' Zeichnungen, Lithographien und Aquarelle aus Anlaß der Ermordung Erich Mühsams, 5,– €

Heft 14 (1997) ISBN 3-931079-17-1
Allein mit dem Wort. Carl v. Ossietzky und Kurt Tucholsky. Schriftstellerprozesse in der Weimarer Republik, 2. Auflage, 10,– €

Heft 15 (1999) ISBN 3-931079-20-1
Literatur und Politik vor dem 1. Weltkrieg. Erich Mühsam und die Boheme, 10,– €

Heft 16 (2000) ISBN 3-931079-21-X
Erich Mühsam und andere im Spannungsfeld von Pazifismus und Militarismus, 7,50 €

Heft 17 (1999) ISBN 3-931079-2-28
Dietrich Kittner: Kleine Morde? Große Morde? Deutsche Morde. Zur Verleihung des Erich-Mühsam-Preises 1999, (vergriffen)

Heft 18 (2000) ISBN 3-931079-24-4
Thomas Dörr: „Mühsam und so weiter, was waren das für Namen …". Zeitgeist und Zynismus im nationalistisch-antisemitischen Werk des Graphikers A. Paul Weber, 2. Auflage 2011, 7,50 €

Heft 19 (2000) ISBN 3-931079-25-2
Anarchismus und Psychoanalyse zu Beginn des 20. Jahrhunderts. Der Kreis um Erich Mühsam und Otto Gross 1999, 12,50 €

Heft 20 (2002) ISBN 3-931079-27-9
„Bücher kann man nicht umbringen." Zur Verleihung des Erich-Mühsam-Preises 2001 an Mumia Abu-Jamal, 7,50 €

Heft 21 (2002) ISBN 3-931079-28-7
Erich Mühsam und das Judentum, 15,– €

Heft 22 (2003) ISBN 3-931079-29-5
Das Tagebuch im 20. Jahrhundert – Erich Mühsam und andere, 10,– €

Heft 23 (2004) ISBN 3-931079-31-7
Ausstellung zum 125. Geburtstag Erich Mühsams – Festschrift mit Preisverleihung an die „junge Welt", 12,50 €

Heft 24 (2004) ISBN 3-931079-32-5
„Sei tapfer und wachse dich aus." Gustav Landauer im Dialog mit Erich Mühsam – Briefe und Aufsätze. Herausgegeben und bearbeitet von Christoph Knüppel, 15,– €

Heft 25 (2004) ISBN 3-931079-33-3
Die Rote Republik. Anarchie und Aktivismuskonzepte der Schriftsteller 1918/19 und das Nachleben der Räte – Erich Mühsam, Ernst Toller, Oskar Maria Graf u. a., 15,– €

Heft 26 (2005) ISBN 3-931079-34-1
„Den Schwachen zum Recht verhelfen". Erich-Mühsam-Preis 2005 an Felicia Langer, 5,– €

Heft 27 (2006) ISBN 3-931079-35-X
Von Ascona bis Eden. Alternative Lebensformen, 12,50 €

Heft 28 (2006) ISBN 978-3-931079-37-6
„Eingesperrt sind meine Pläne namens der Gerechtigkeit".
Politische Haft, Folter Todesstrafe: Erich Mühsam und andere, 12,50 €

Heft 29 (2007) ISBN 978-3-931079-38-3
„Ferien vom Krieg". Erich-Mühsam-Preis 2007 an das Komitee für Grundrechte und Demokratie, 5,– €

Heft 30 (2008) ISBN 978-3-931079-39-0
„Kunst als politische Waffe oder als Mittel zur Aufklärung?", 10,– €

Heft 31 (2008) ISBN 978-3-931079-40-6
„Wie aktuell ist Erich Mühsam?", 10,– €

Heft 32 (2009) ISBN 978-3-931079-41-3
Clément Moreau, Nacht über Deutschland. 107 Linolschnitte aus den Jahren 1937–1938, 10,– €

Heft 33 (2009) ISBN 978-3-931079-42-0
STOLPERSTEINE. Erich-Mühsam-Preis 2009 an Gunter Demnig, 5,– €

Heft 34 (2010) ISBN 978-3-931079-43-7
Charlotte Landau-Mühsam, Meine Erinnerungen, 10,– €

Heft 35 (2010) ISBN 978-3-931079-44-4
Herrschaftsfreie Gesellschaftsmodelle in Geschichte und Gegenwart und ihre Perspektiven für die Zukunft, 7,50 €

Heft 36 (2011) ISBN 978-3-931079-45-1
Sich fügen heißt lügen? Leben zwischen Gewalt und Widerstand, 10,– €

Heft 37 (2012) ISBN 978-3-931079-46-8
Bedingungsloses Grundeinkommen – Existenzminimum – Kulturminimum – wozu?, 7,50 €

Heft 38 (2012) ISBN 978-3-931079-47-5
Zwischen Gewalt und Widerstand: Erich Mühsam und andere, 7,50 €

Heft 39 (2014/2015) ISBN 978-3-931079-48-2
Ni Dieu – ni maître!? Anarchismus und die Religion – Erich Mühsam und das Religiöse, 12,– €

Heft 40 (2015) ISBN 978-3-931079-49-9
Erich Mühsam und die Gruppe TAT, 12,– €

Heft 41 (2015) ISBN: 978-3-86841-156-0
Erich Mühsam in Meiningen, Anarchosyndikalismus in Thüringen, Die Bakuninhütte und ihr soziokultureller Hintergrund, Hrsg.: Dr. Andreas W. Hohmann, 12,– €

Heft 42 (2017) ISBN: 978-3-93107-950-5
Rassismus – Antisemitismus-politische Gewalt und Verfolgung, 10,– €

Heft 43 (2017) ISBN: 978-3-931079-51-2
Erich-Mühsam-Preis 2016: Dokumentation der Preisverleihung, 8,– €

Heft 44 (2018) ISBN: 978-3-931079-52-9
„Missratene Söhne?!" – Generationenkonflikte als Gesellschaftskritik –, 10,– €

Heft 45 (2019) ISBN: 978-3-931079-53-6
„Die Waffen nieder!" – Friedensbewegungen im Umfeld des 1. Weltkriegs –, 10,– €

Soweit die Hefte nicht vergriffen sind, können sie bei der Erich-Mühsam-Gesellschaft oder im Buchhandel erworben werden.   Stand: März 2019

Erich-Mühsam-Gesellschaft e. V., Lübeck

c/o Buddenbrookhaus, Mengstr. 4, 23552 Lübeck

http://www.erich-muehsam-gesellschaft.de
E-Mail: post@erich-muehsam-gesellschaft.de

Längst überfällig war sie. Seit dem 111. Geburtstag am 6.4.1989 existiert sie und soll mit **Ihrer** Unterstützung lebendige Arbeit leisten.

Aufgabe der Erich-Mühsam-Gesellschaft ist es, das Andenken des Schriftstellers zu erhalten, in seinem Geist die fortschrittliche, friedensfördernde und für soziale Gerechtigkeit eintretende Literatur zu pflegen und seine Absage an jede Unterdrückung, Gewalt und Diskriminierung von Minderheiten für die Gegenwart zu nutzen.

Unsere Pläne:
- Aufbau eines Archivs in Lübeck
- Lesungen und Inszenierungen
- Vorträge und Seminare
- Förderung der wissenschaftlichen Forschung
- Herausgabe weiterer Hefte der Schriftenreihe und Magazine
- Vergabe eines Erich-Mühsam-Preises
- Aufbau eines Erich-Mühsam-Museums in Lübeck

Ein früherer Lübecker Bürgermeister hat – bezogen auf Thomas und Heinrich Mann sowie Erich Mühsam – gesagt: „Dass die auch gerade alle aus Lübeck sein müssen – was sollen die Leute im Reich von uns denken!" Nun – die Brüder Mann mussten emigrieren, Mühsam wurde auf grausame Weise 1934 im KZ Oranienburg ermordet. Das „Reich" ging kaputt ...

Der Schriftsteller, Dramatiker, Bänkelsänger, Lyriker, Zeichner, Essayist, antimilitaristische Agitator und Journalist Erich Mühsam gehört zu den bedeutendsten und vielseitigsten kritischen Talenten Deutschlands im frühen 20. Jahrhundert. Es gilt, diesen wichtigen Sohn Lübecks, der für Frieden und Freiheit kämpfte, in das Bewusstsein der Öffentlichkeit zu bringen.

Die Erich-Mühsam-Gesellschaft e. V. ist vom Finanzamt Lübeck nach § 5, Abs. 1 Nr. 9 KstG mit Steuernummer 22 290 77 166 541-HL als gemeinnützig anerkannt.